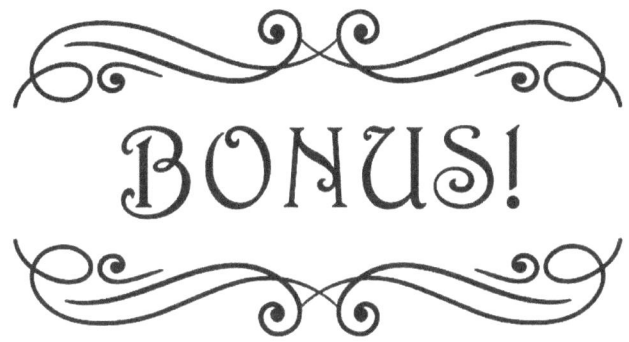

BONUS!

FREE Bonus Coloring Pages

www.AmazingColorArt.com/bonus

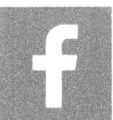 FB.com/AmazingColorArt

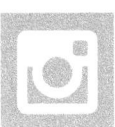 @amazingcolorart

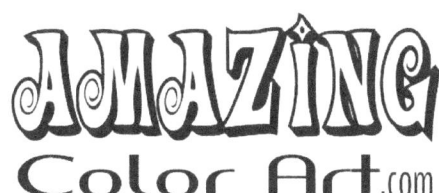

Images in this Book

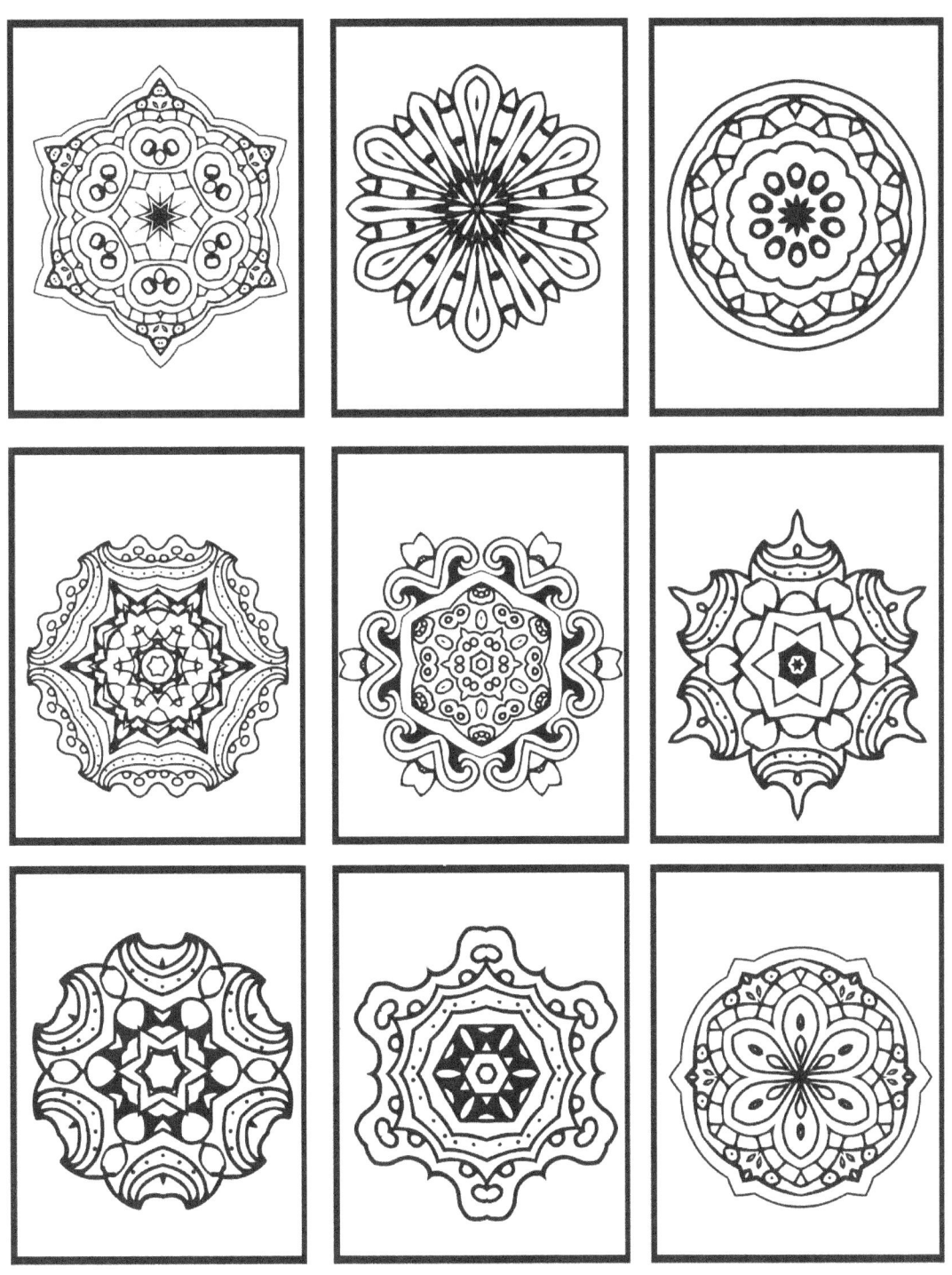

and much more!

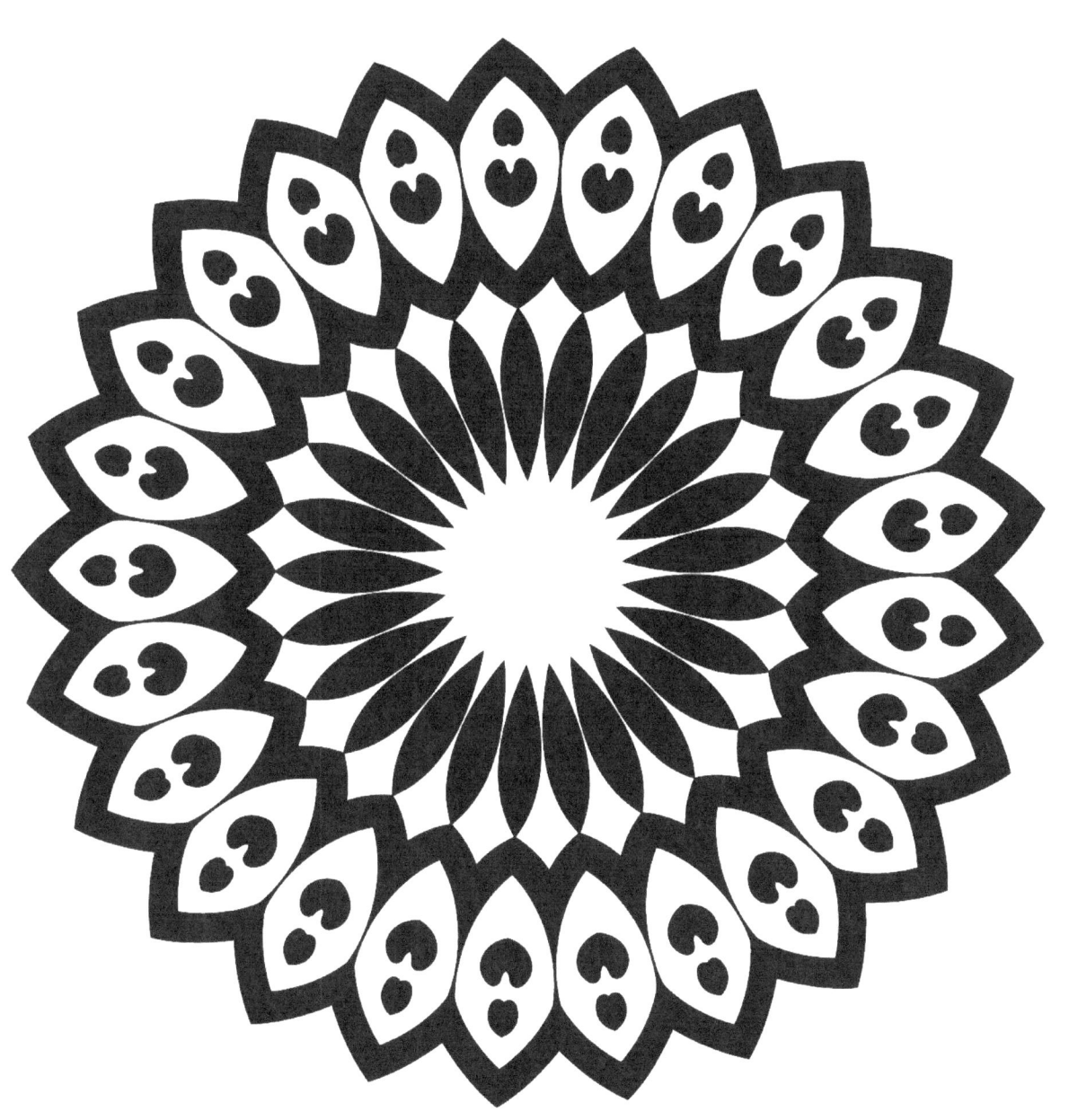

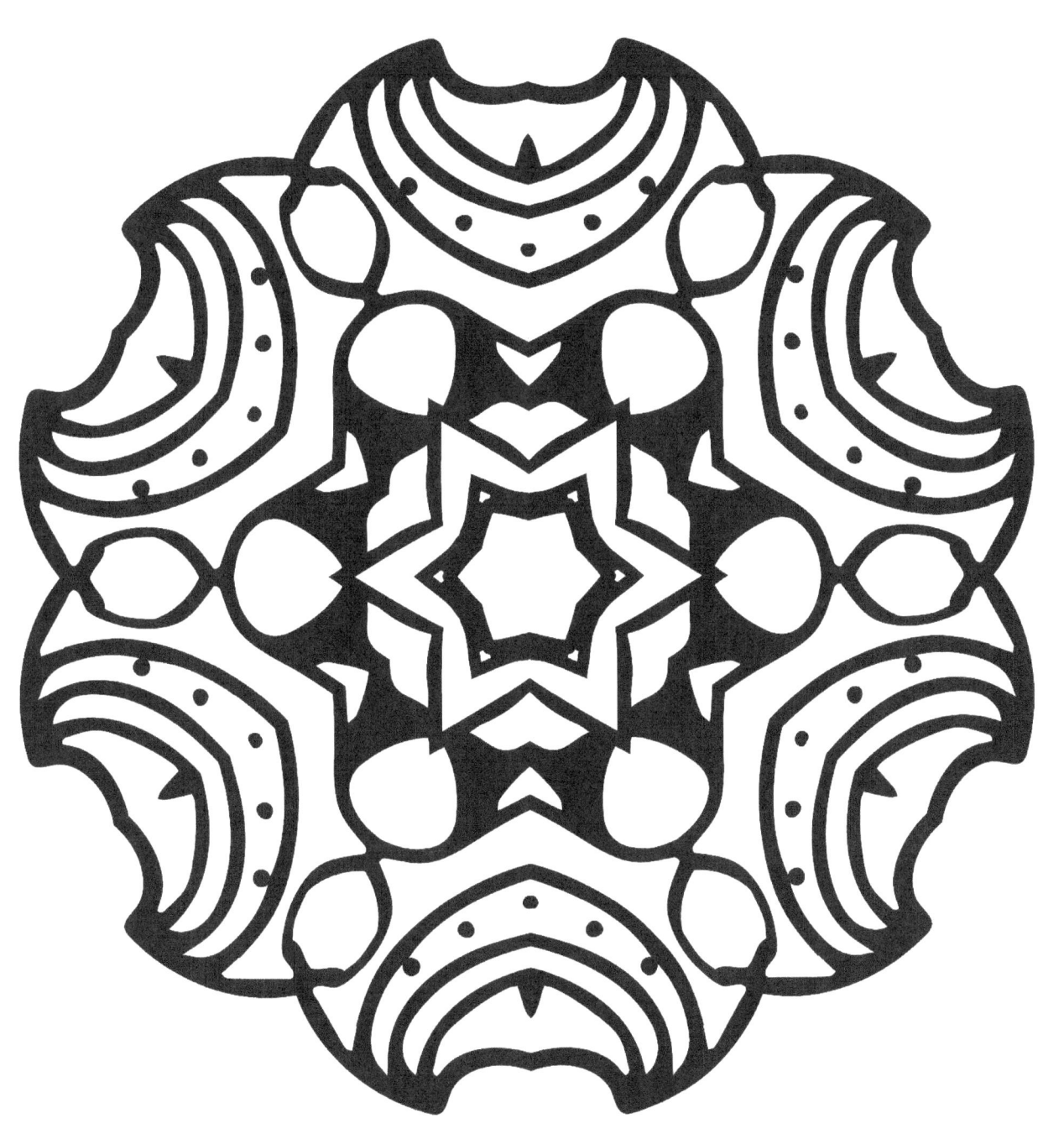

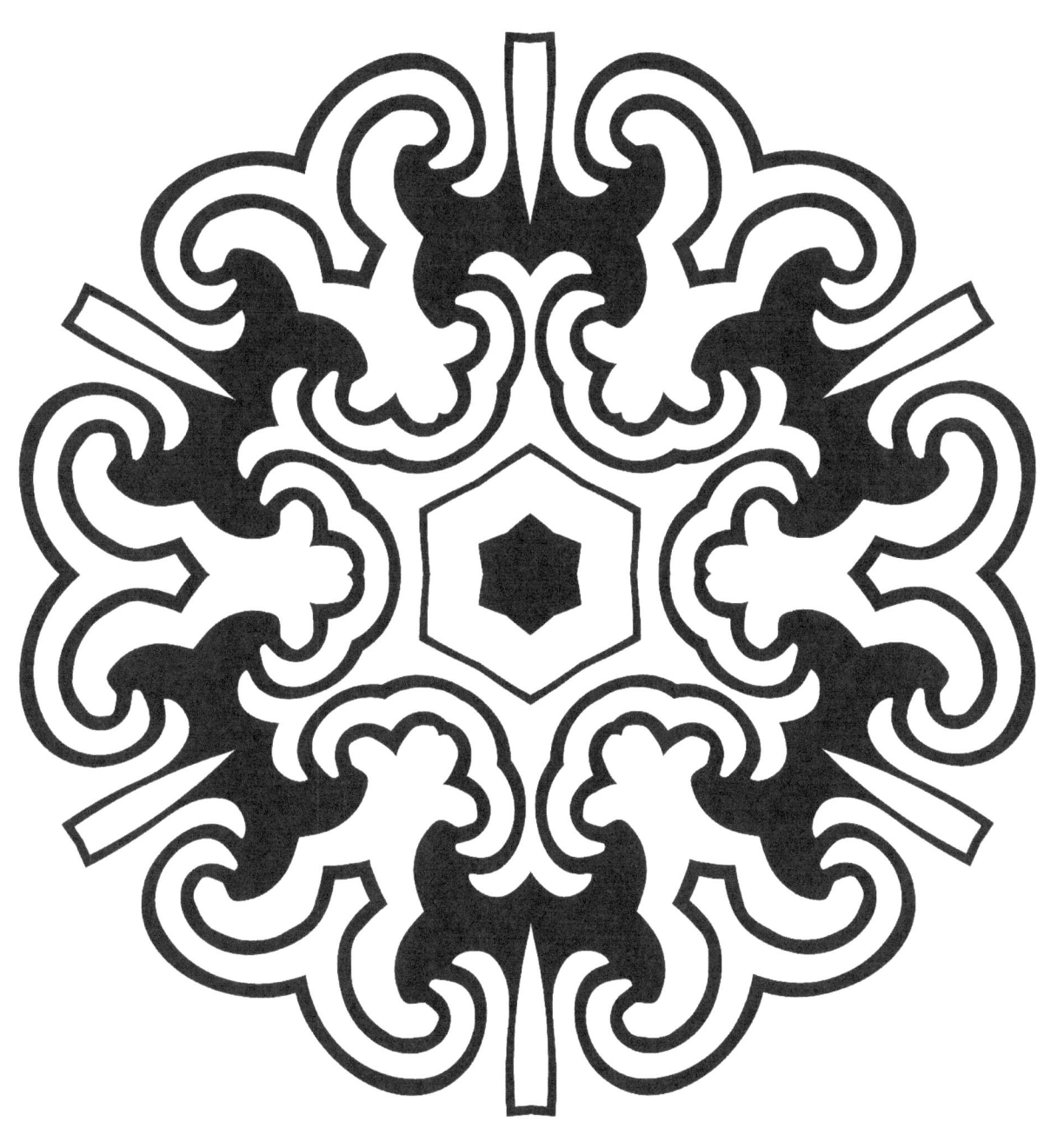

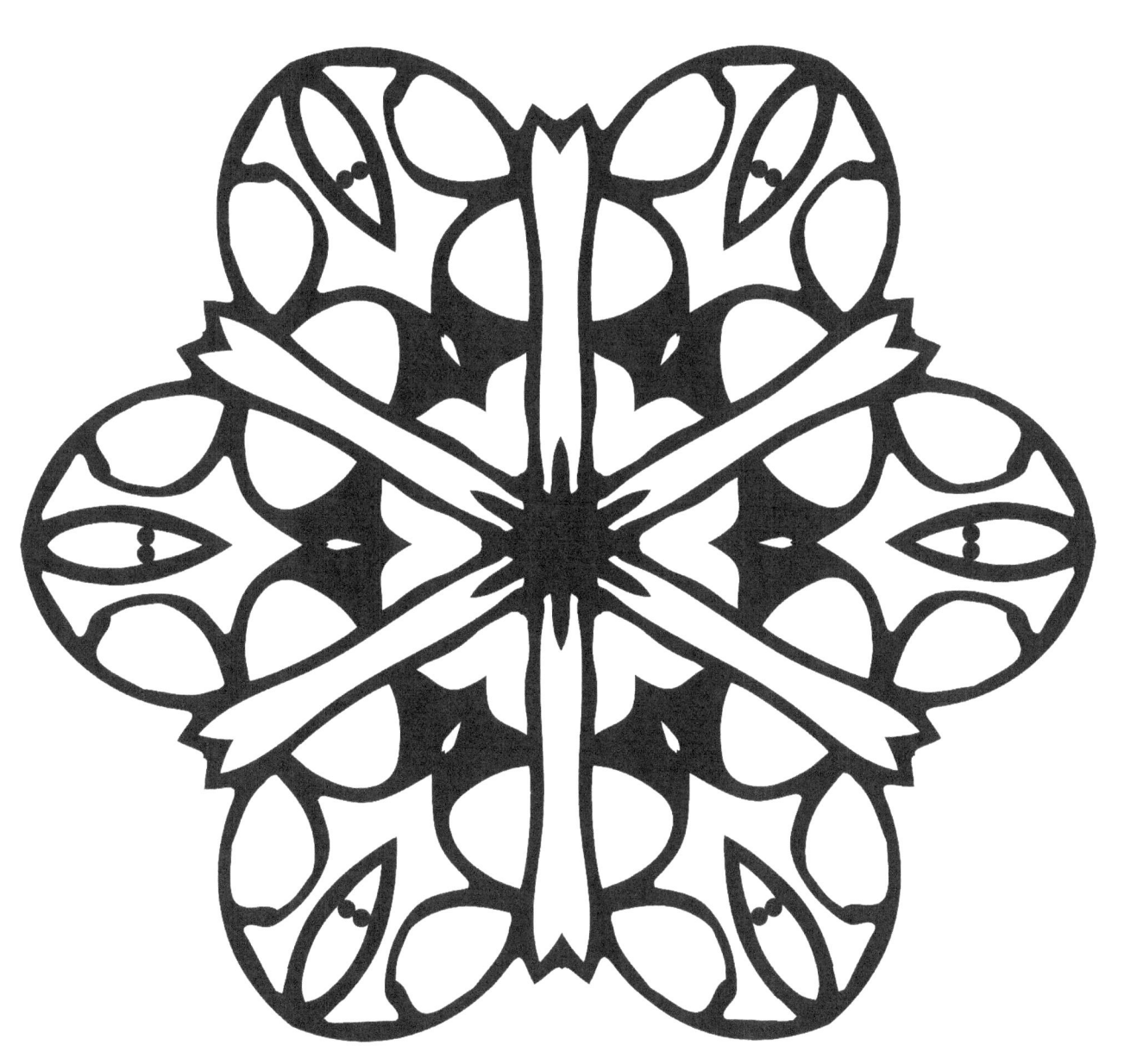

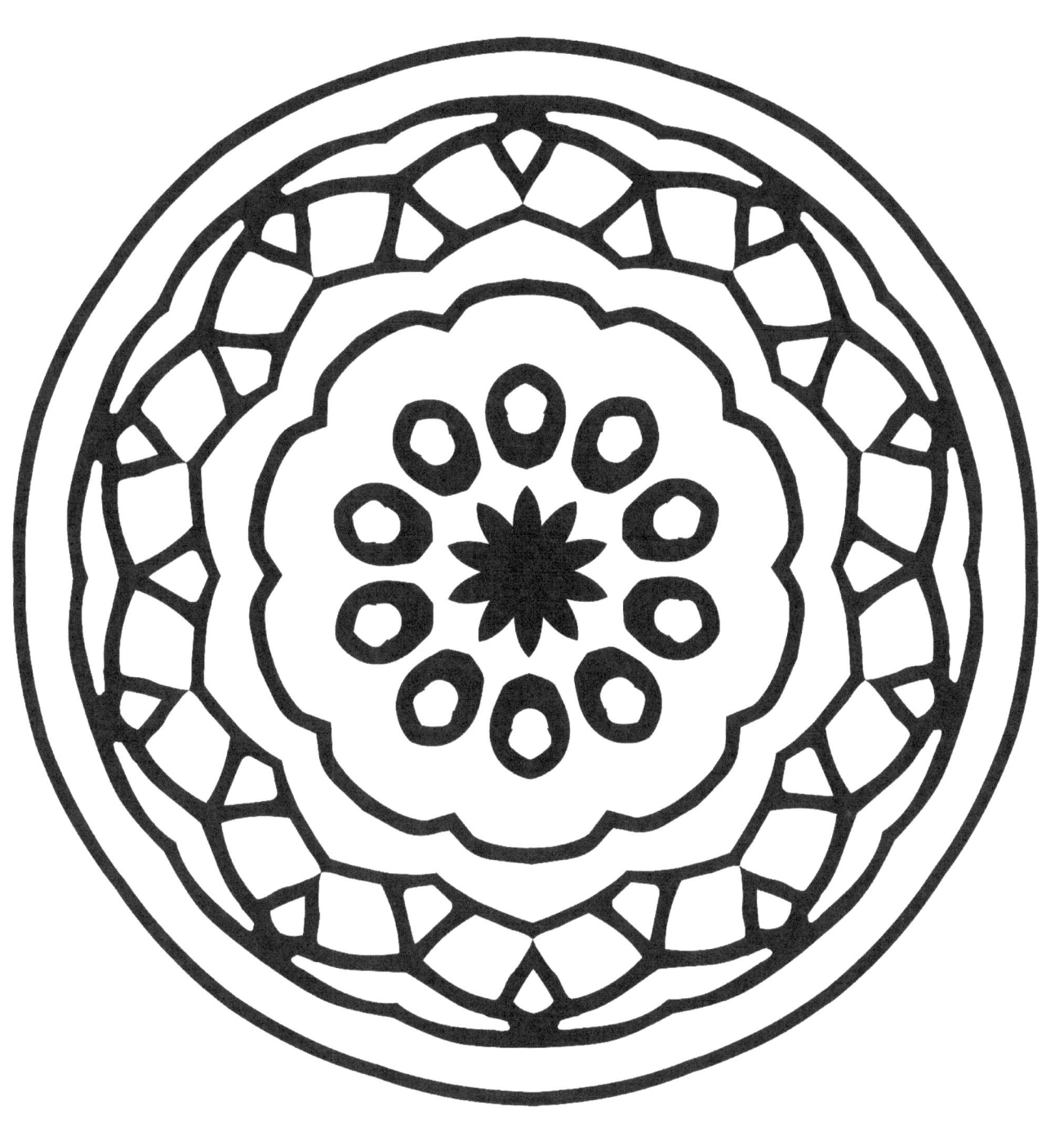

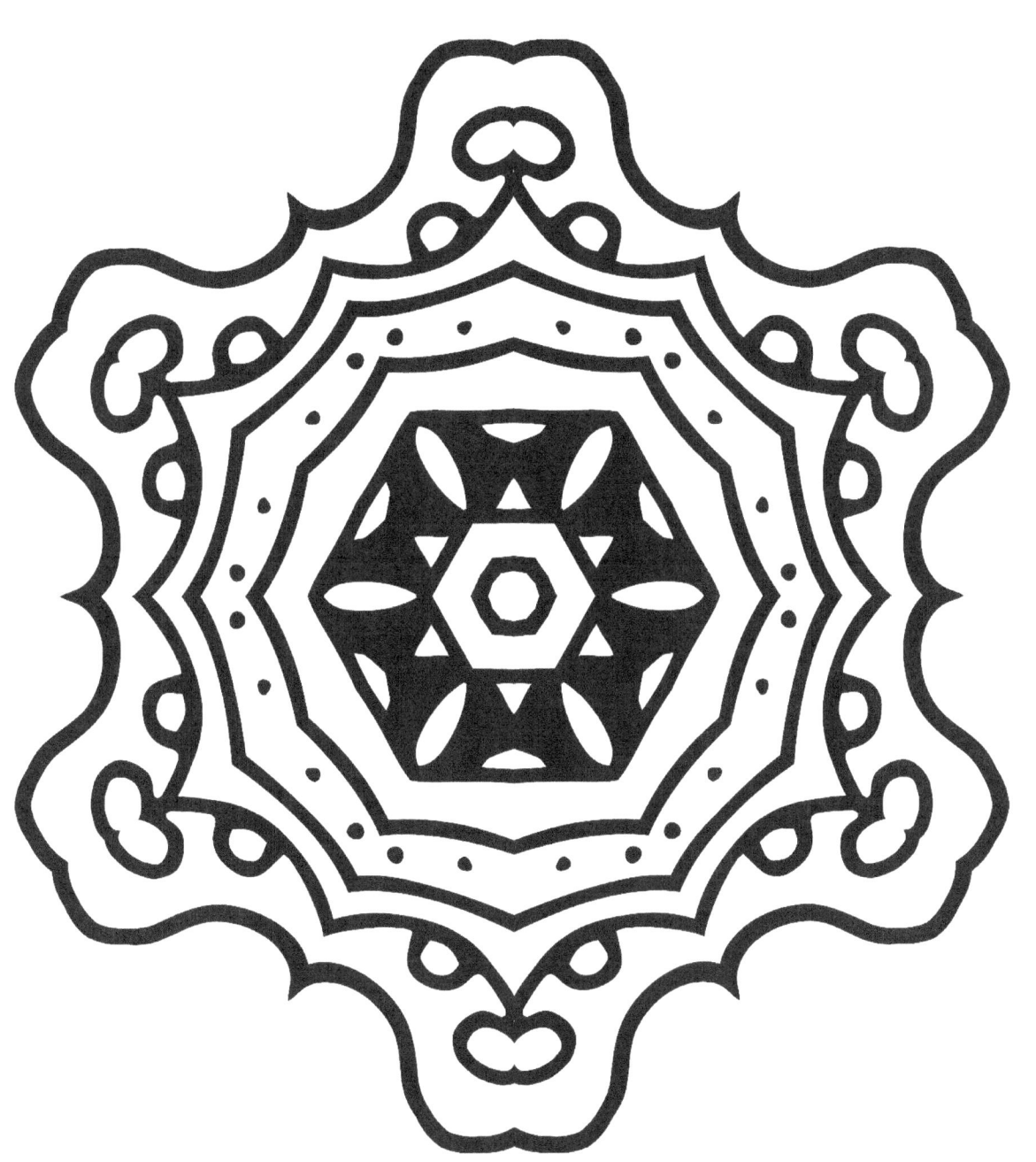

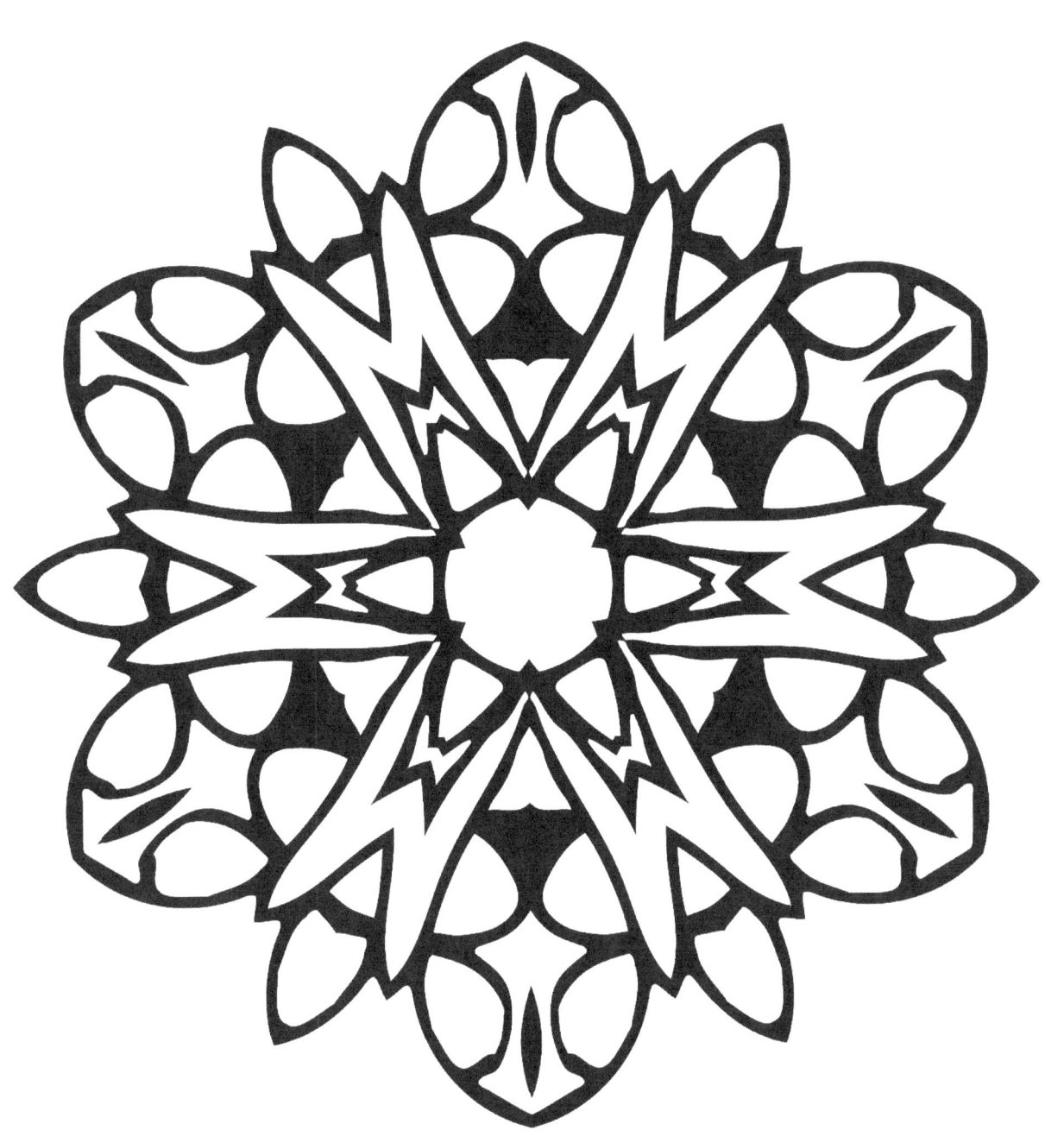

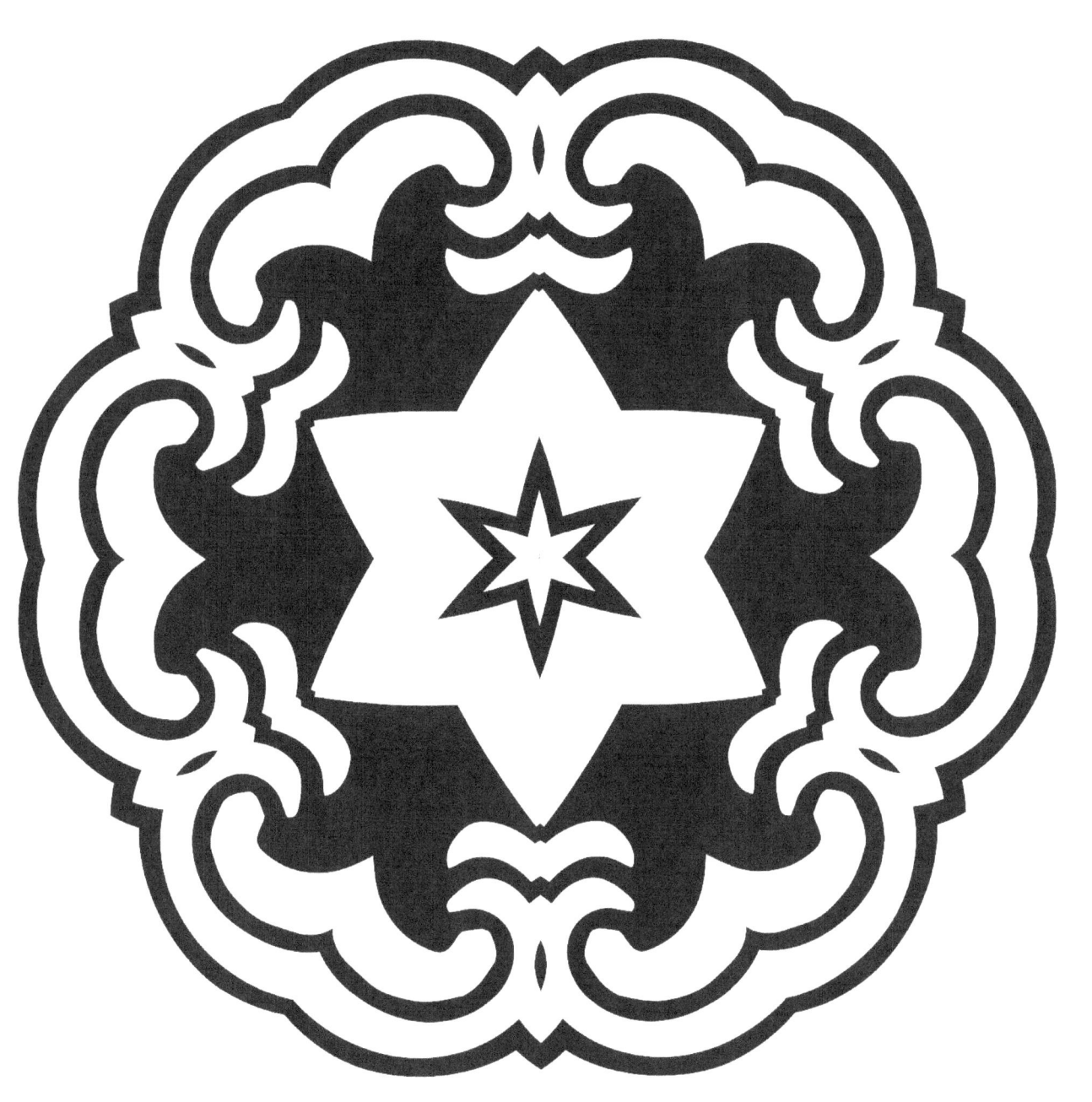

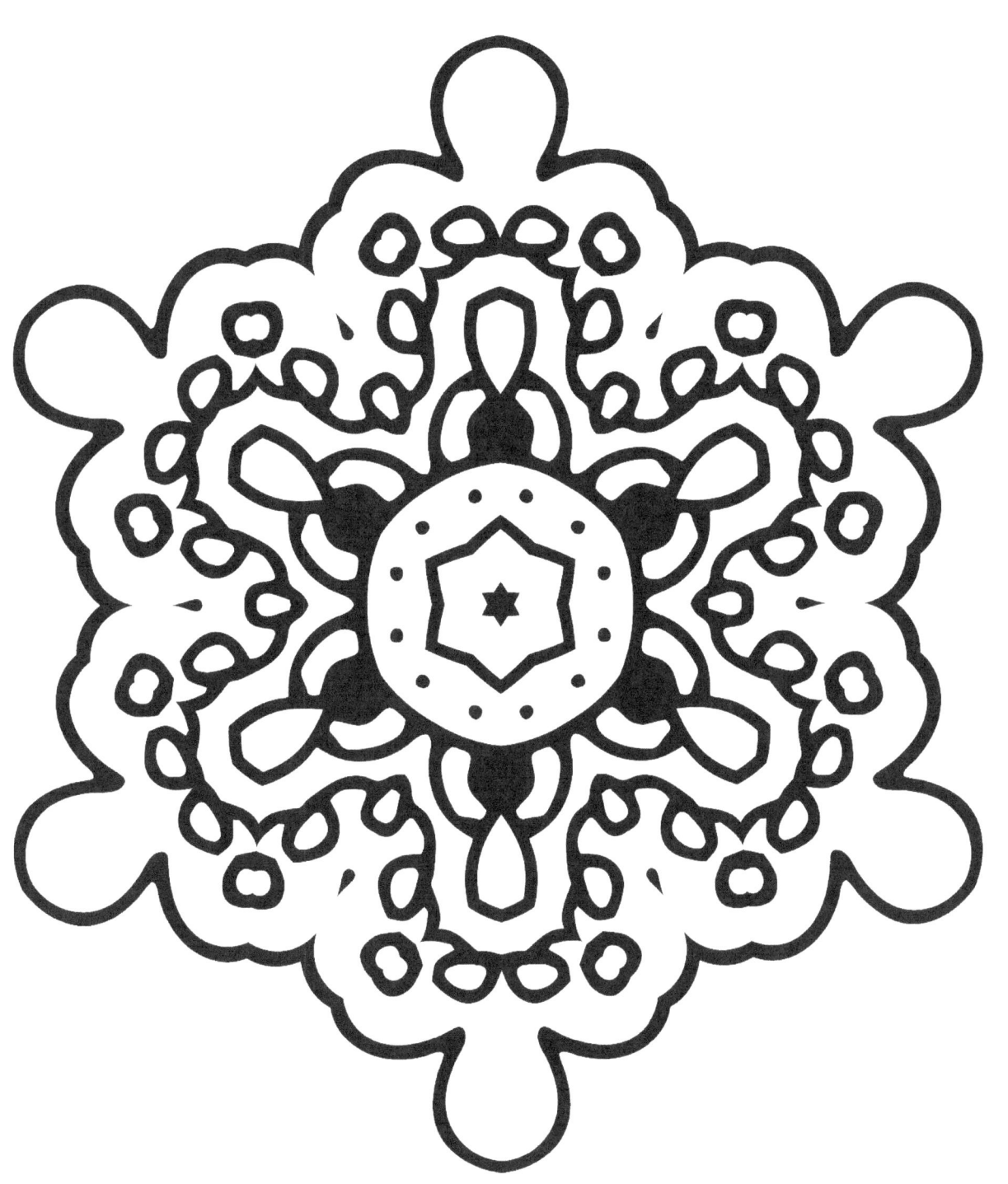

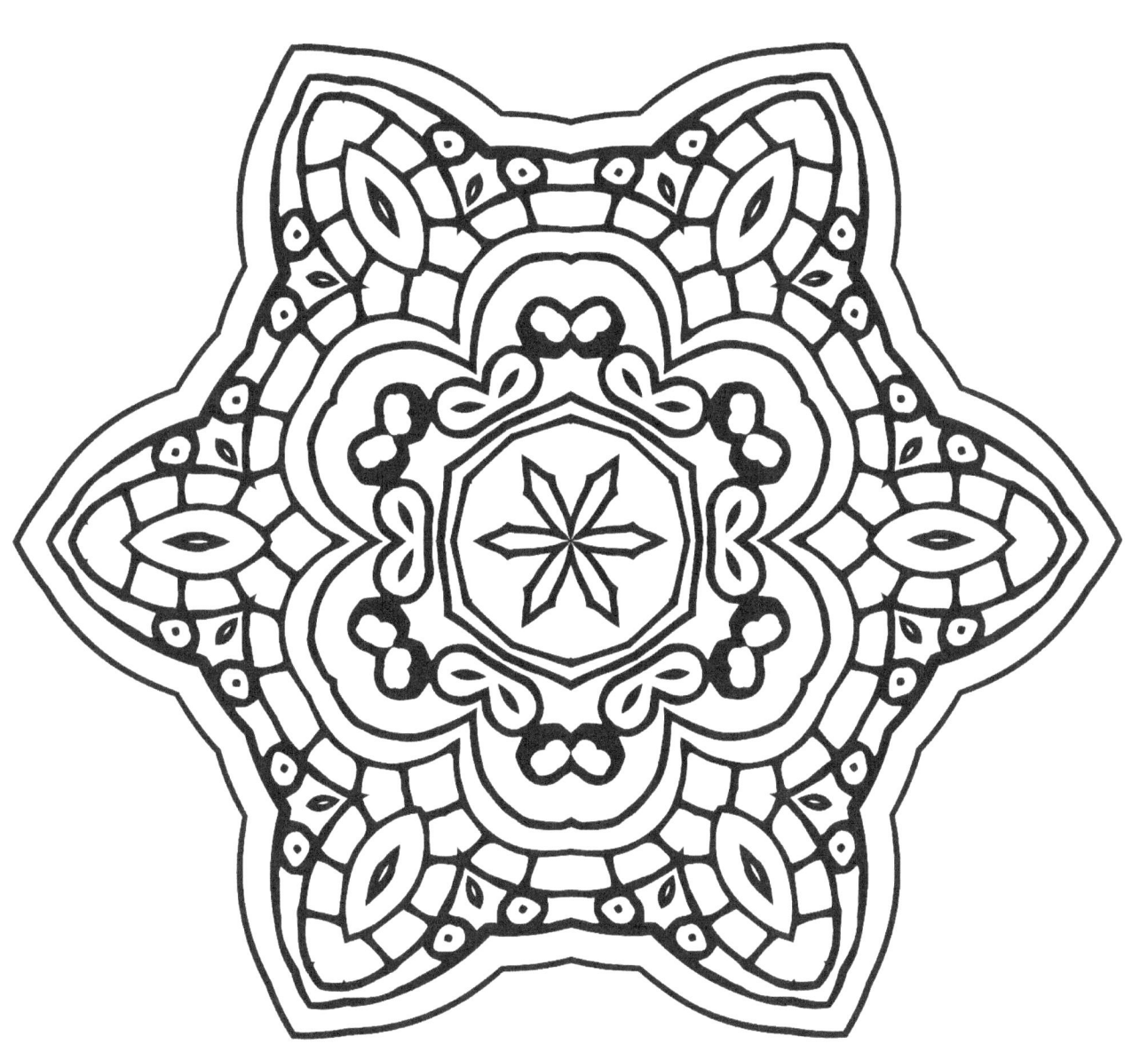

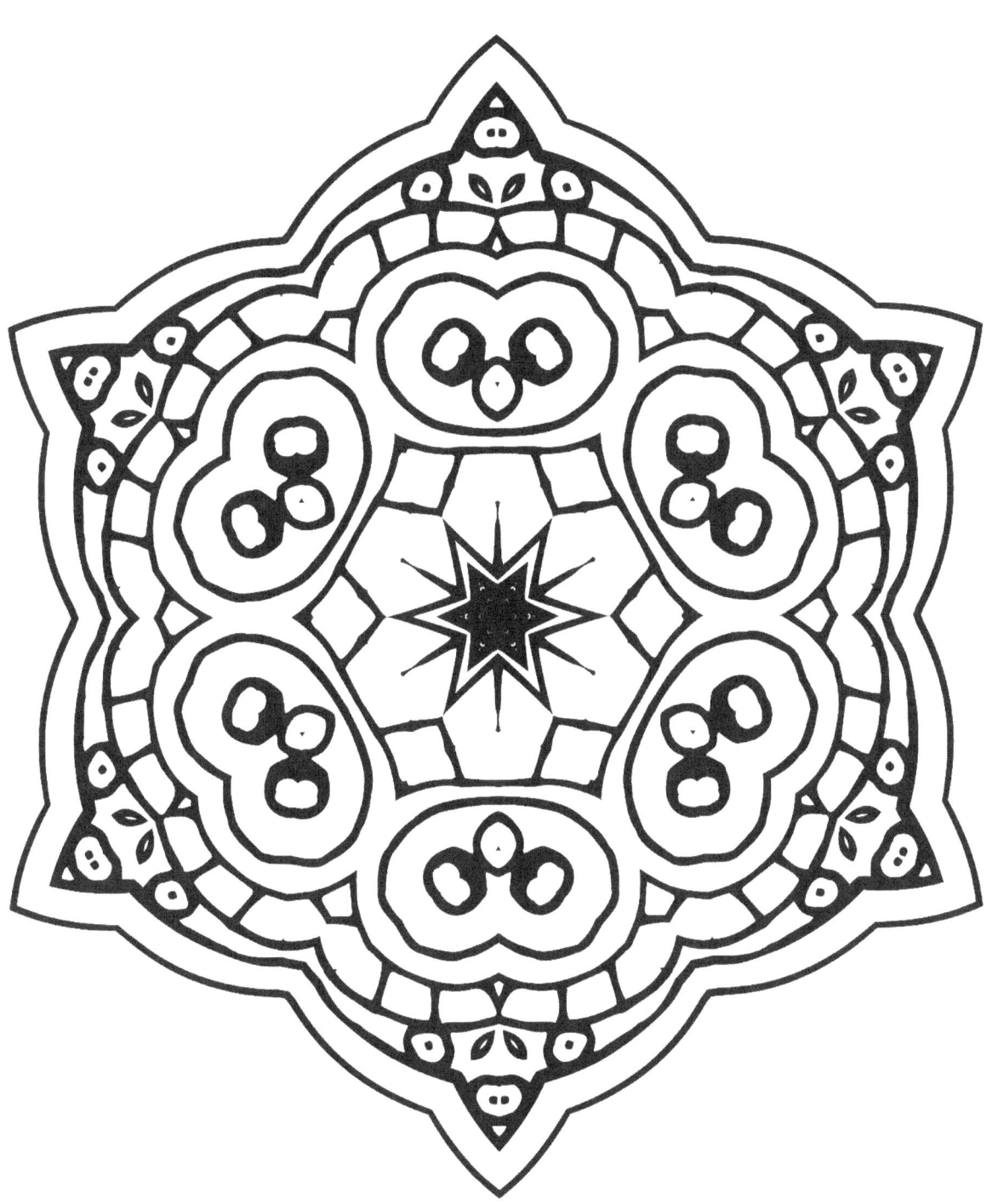

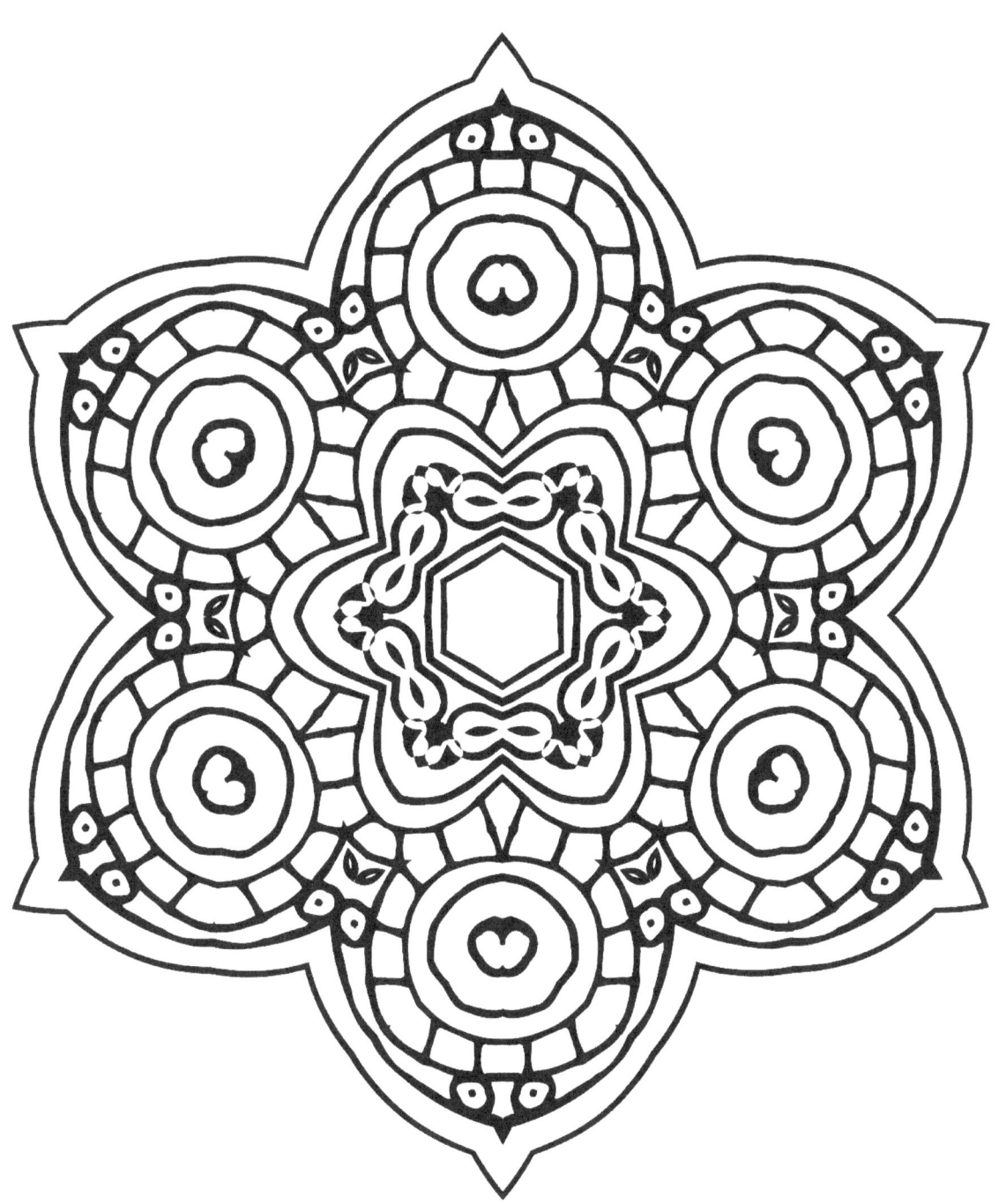

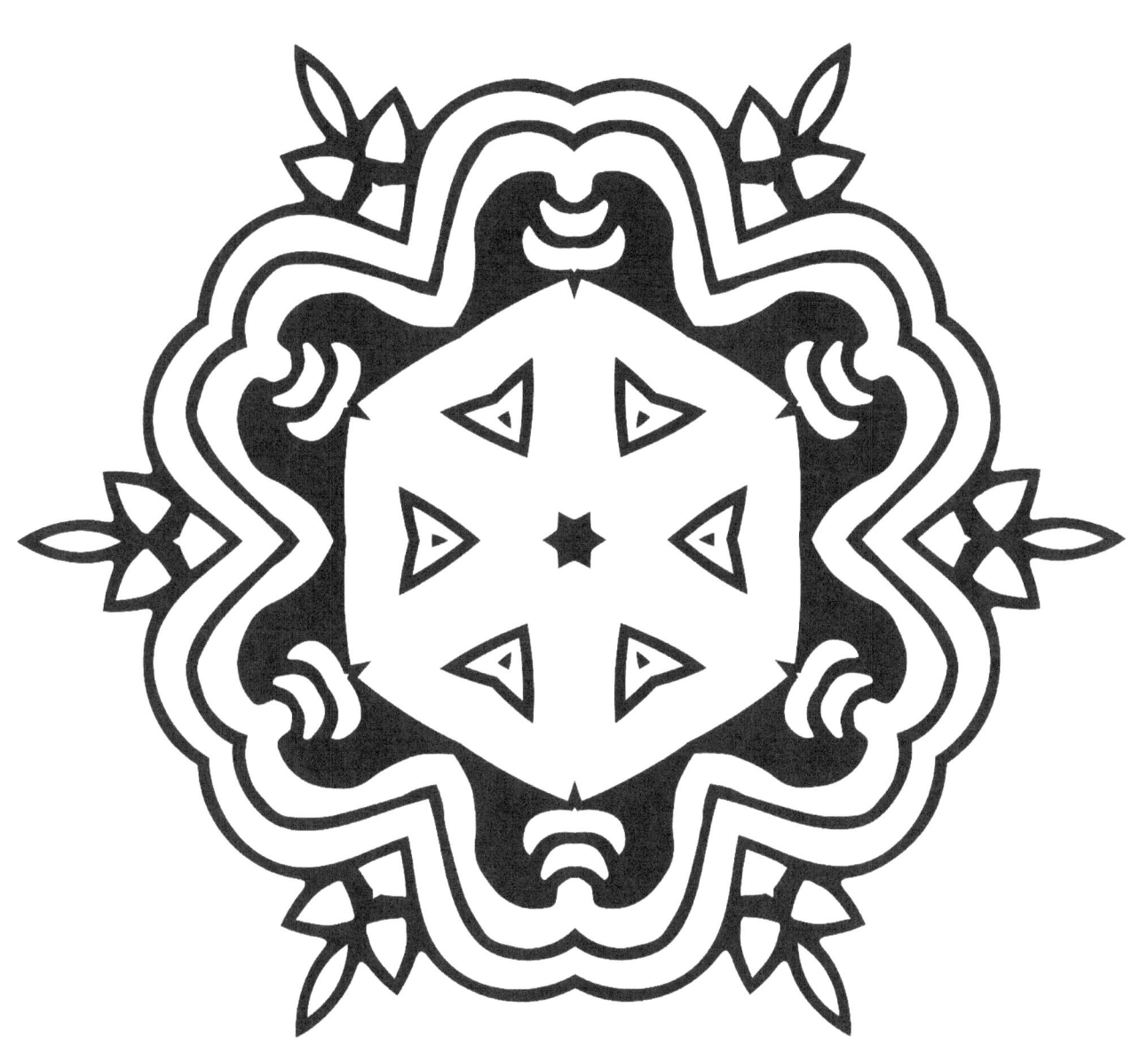

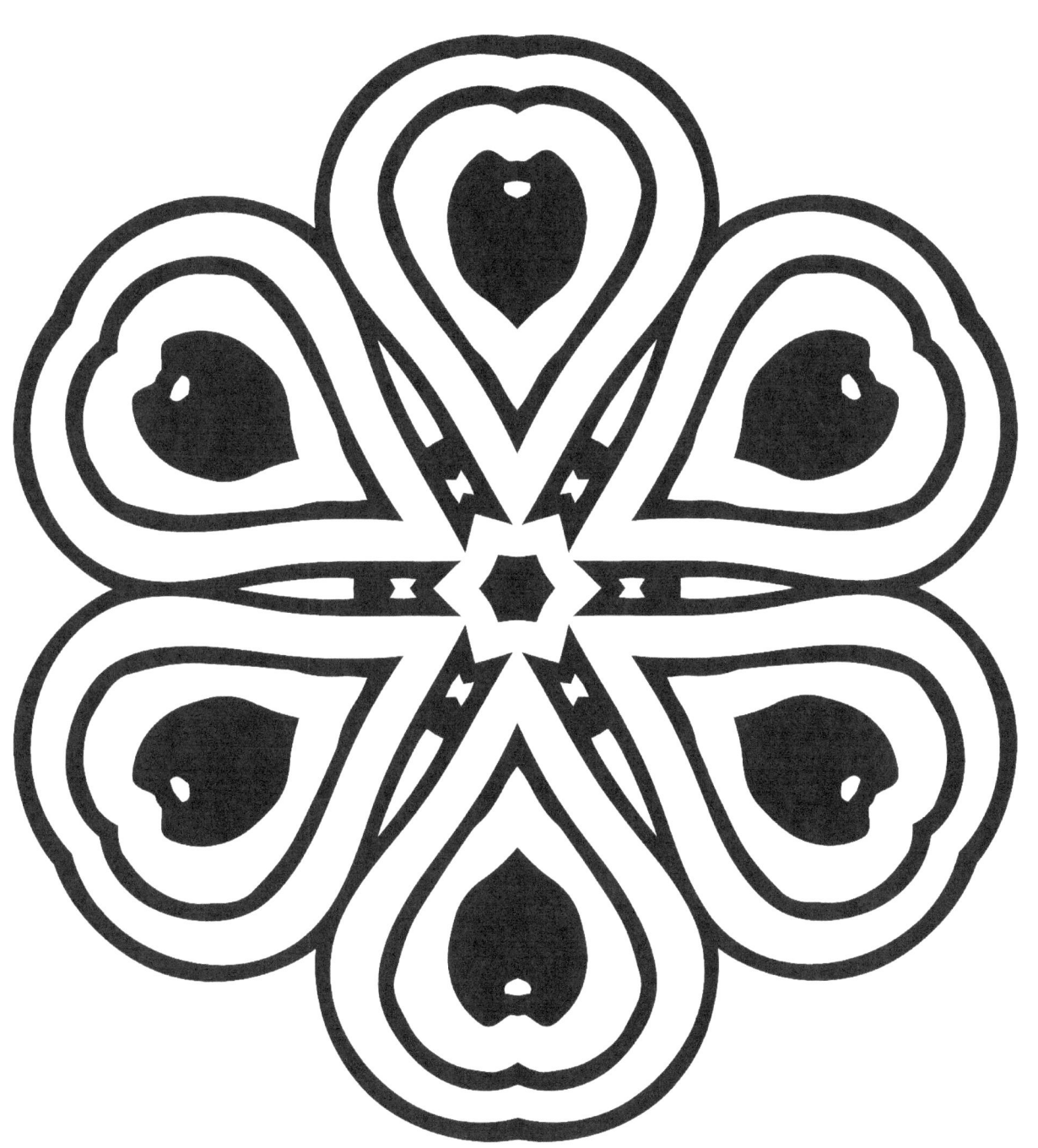

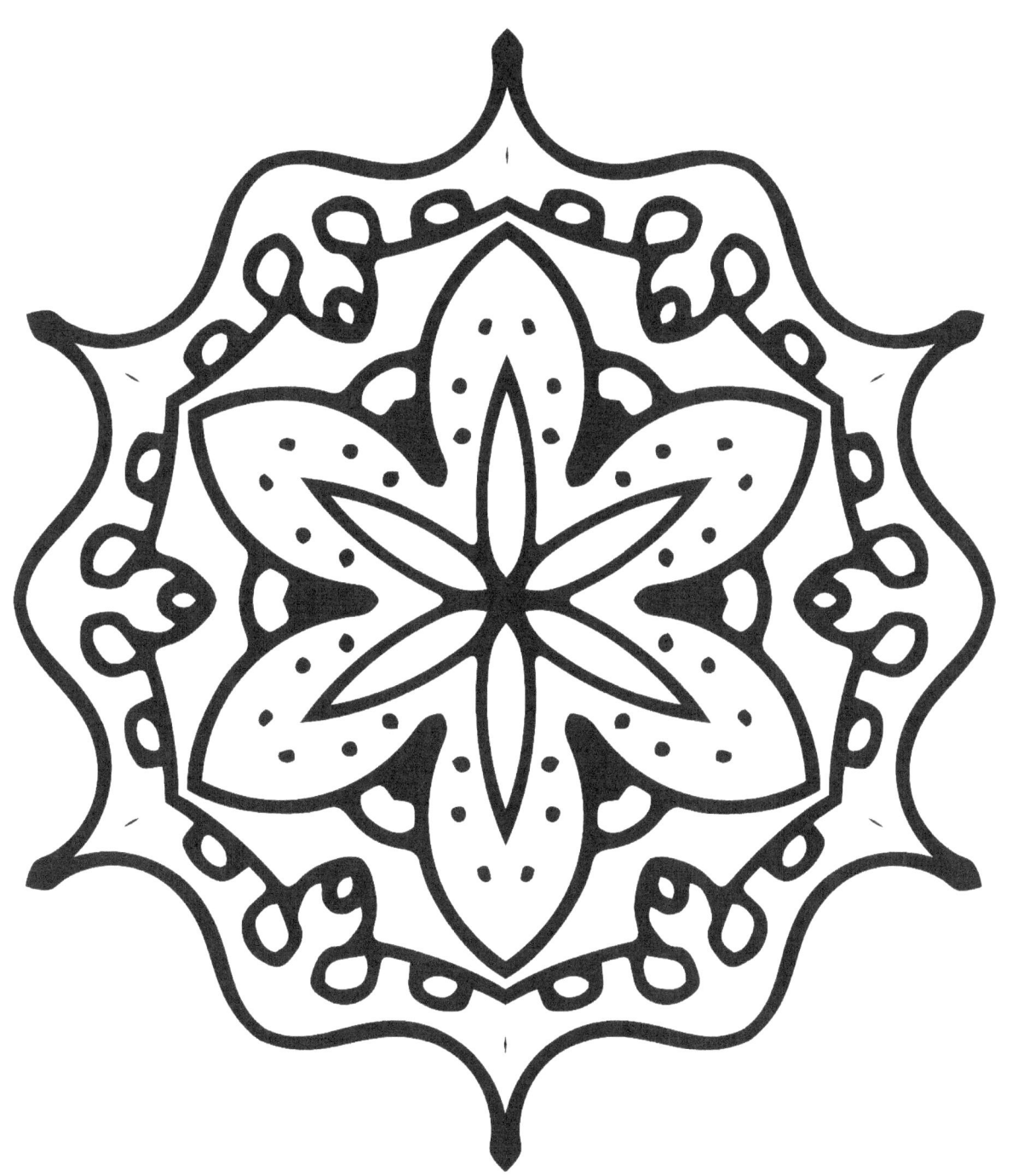

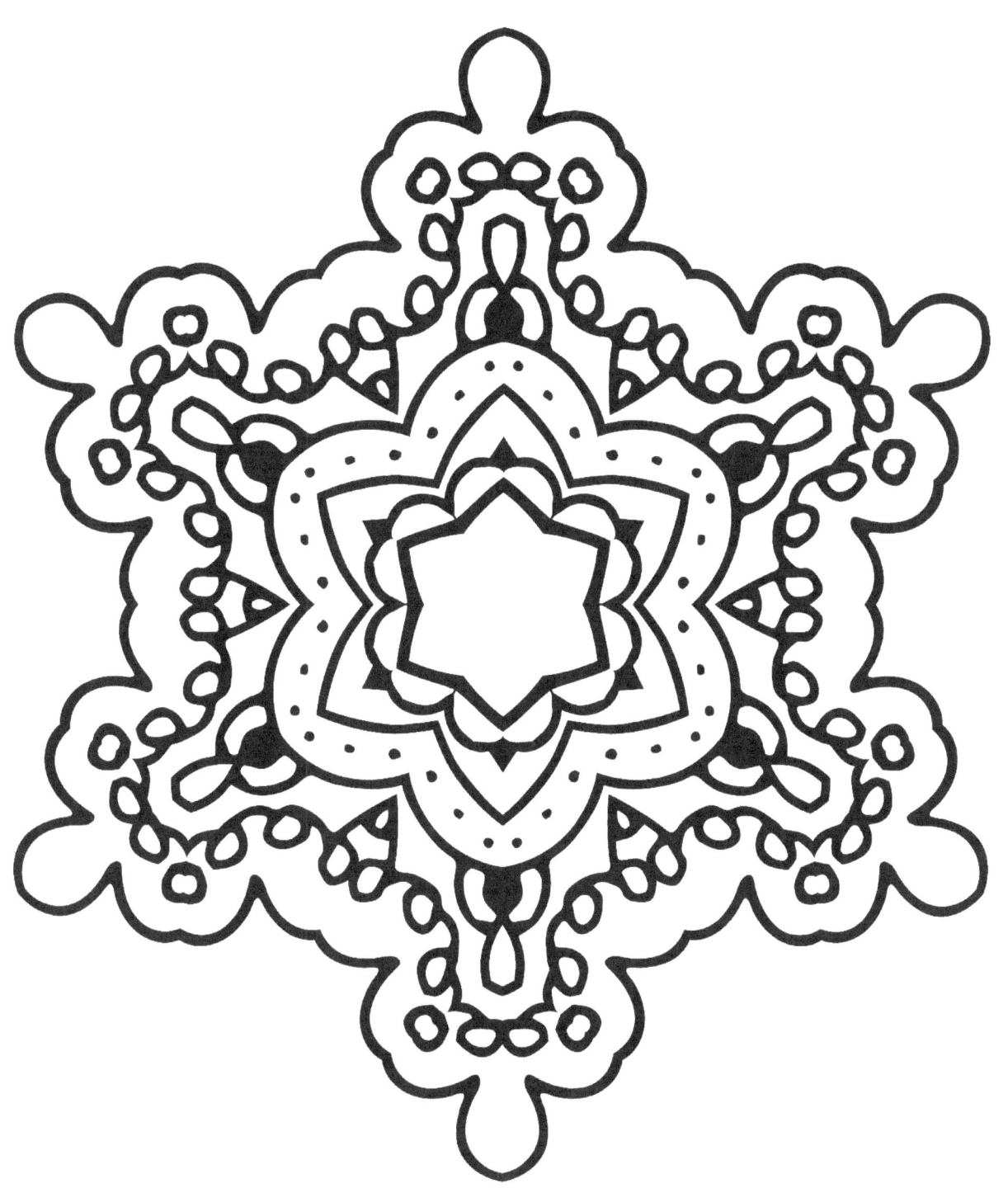

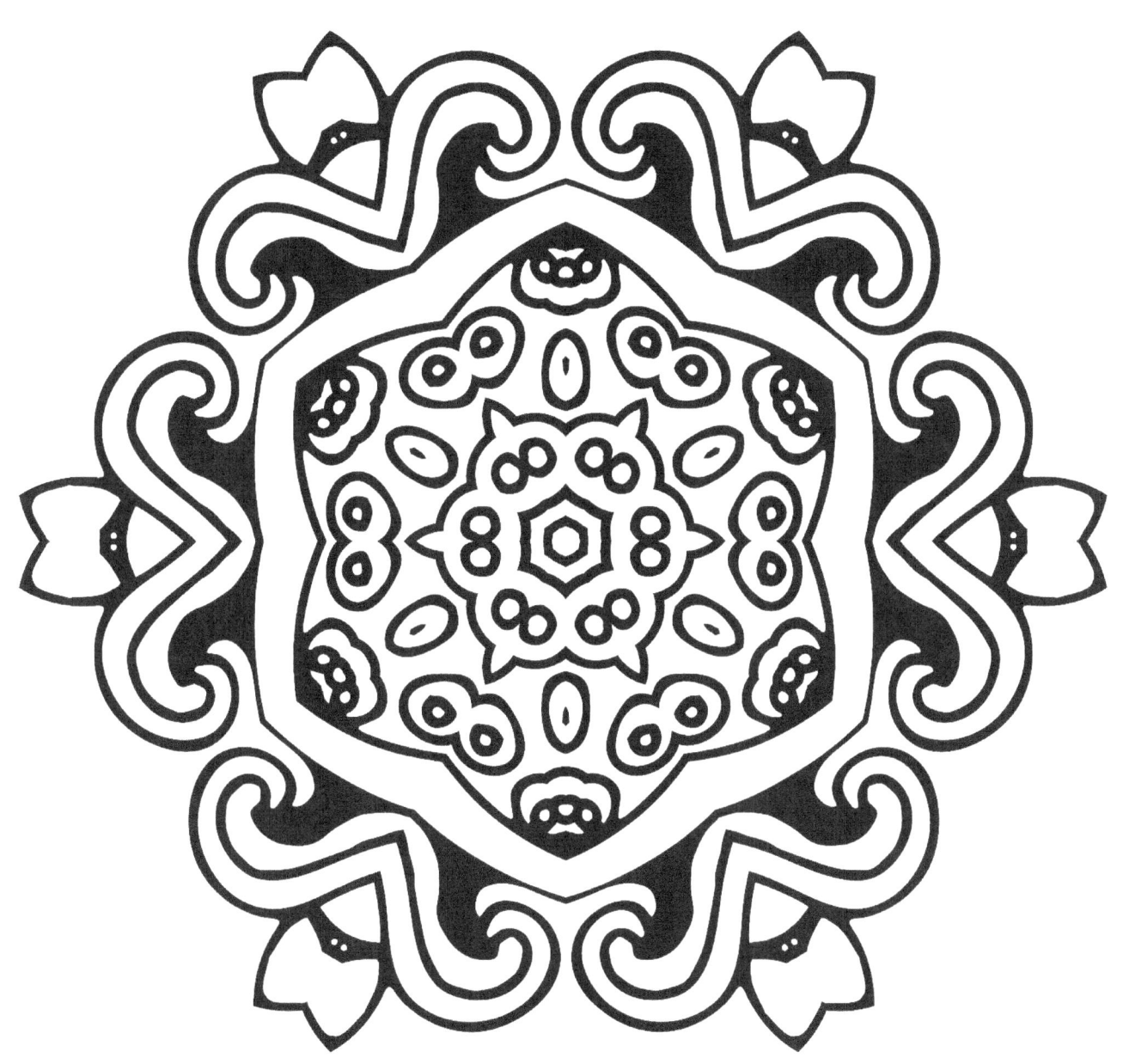

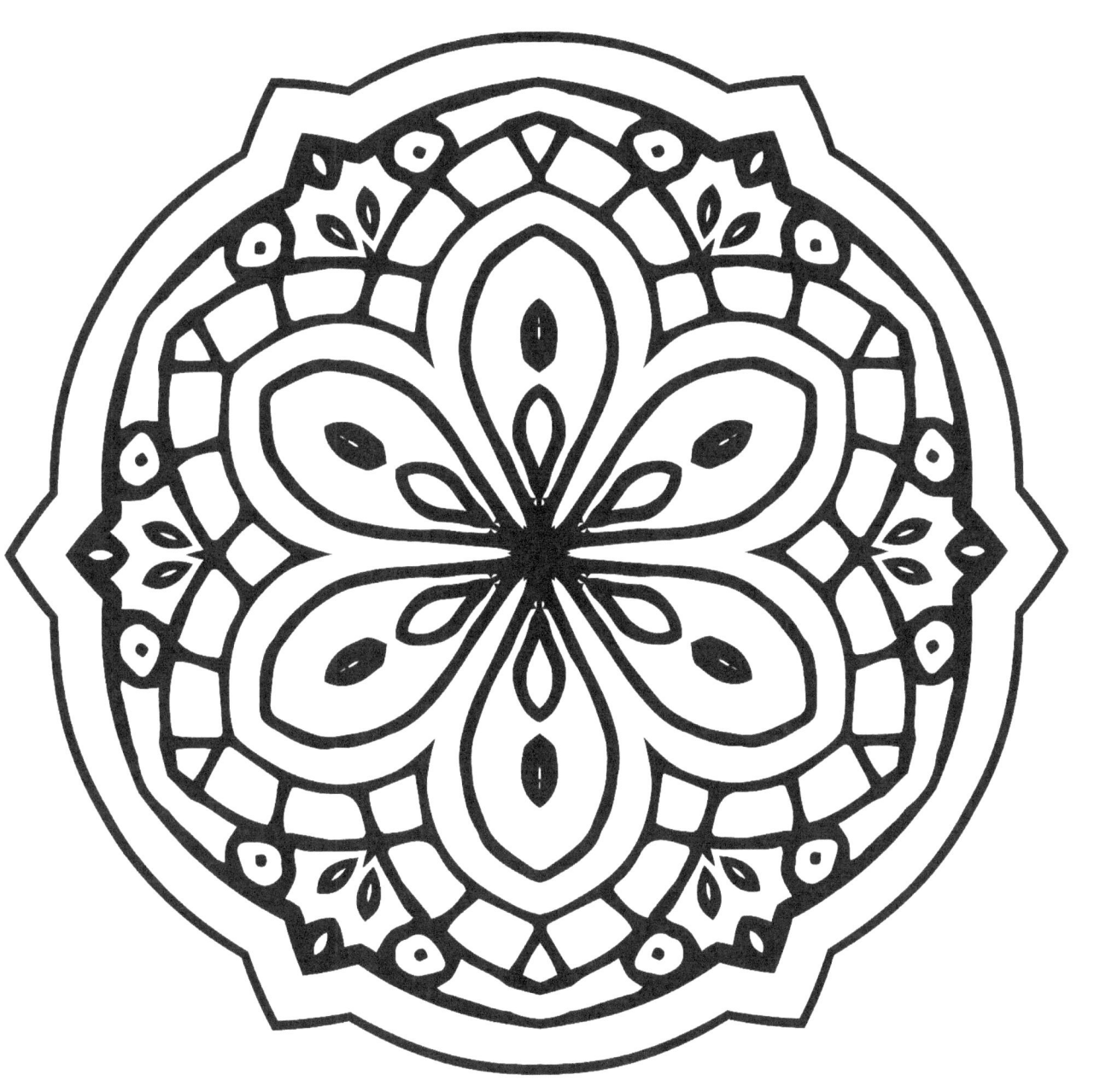

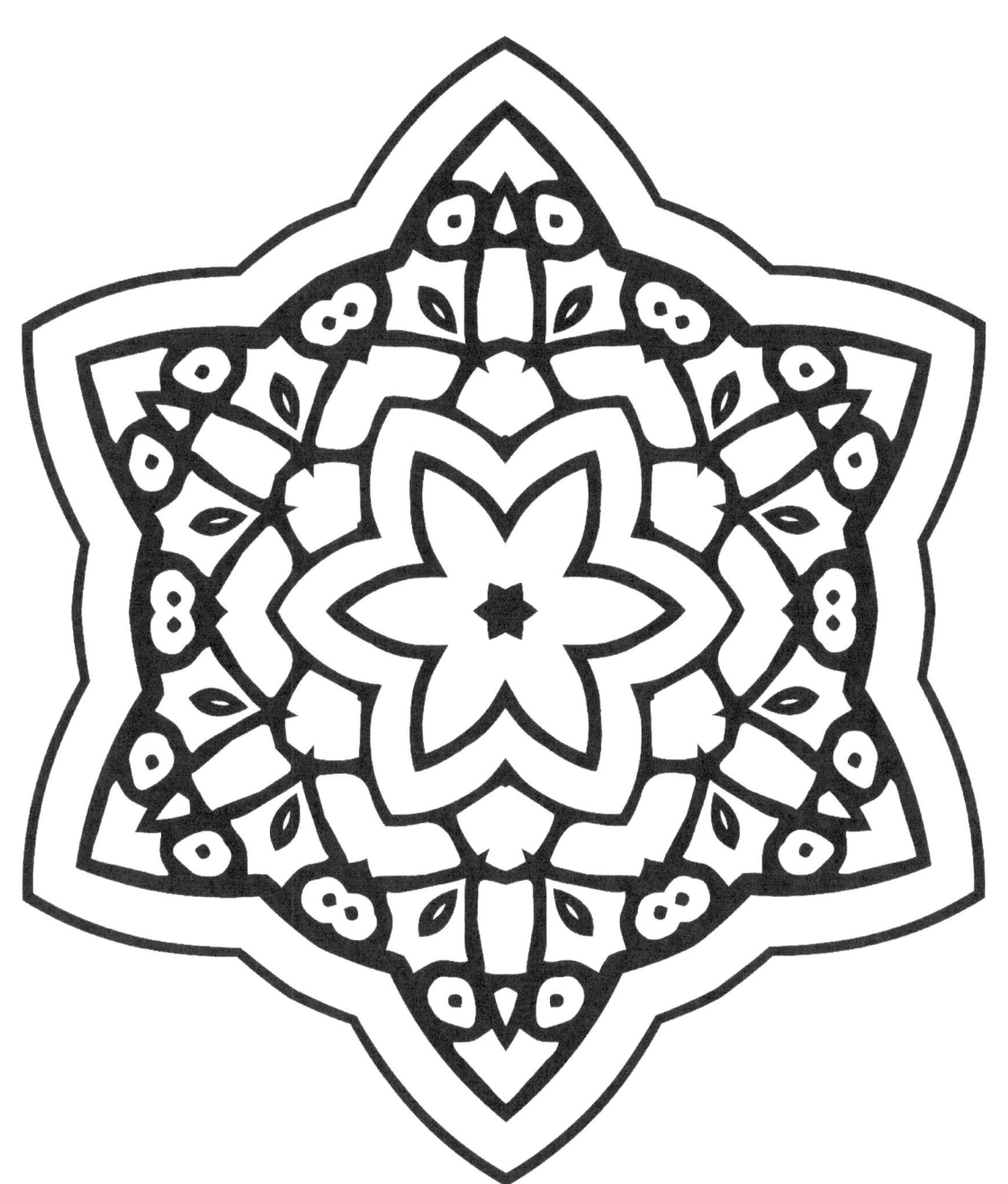

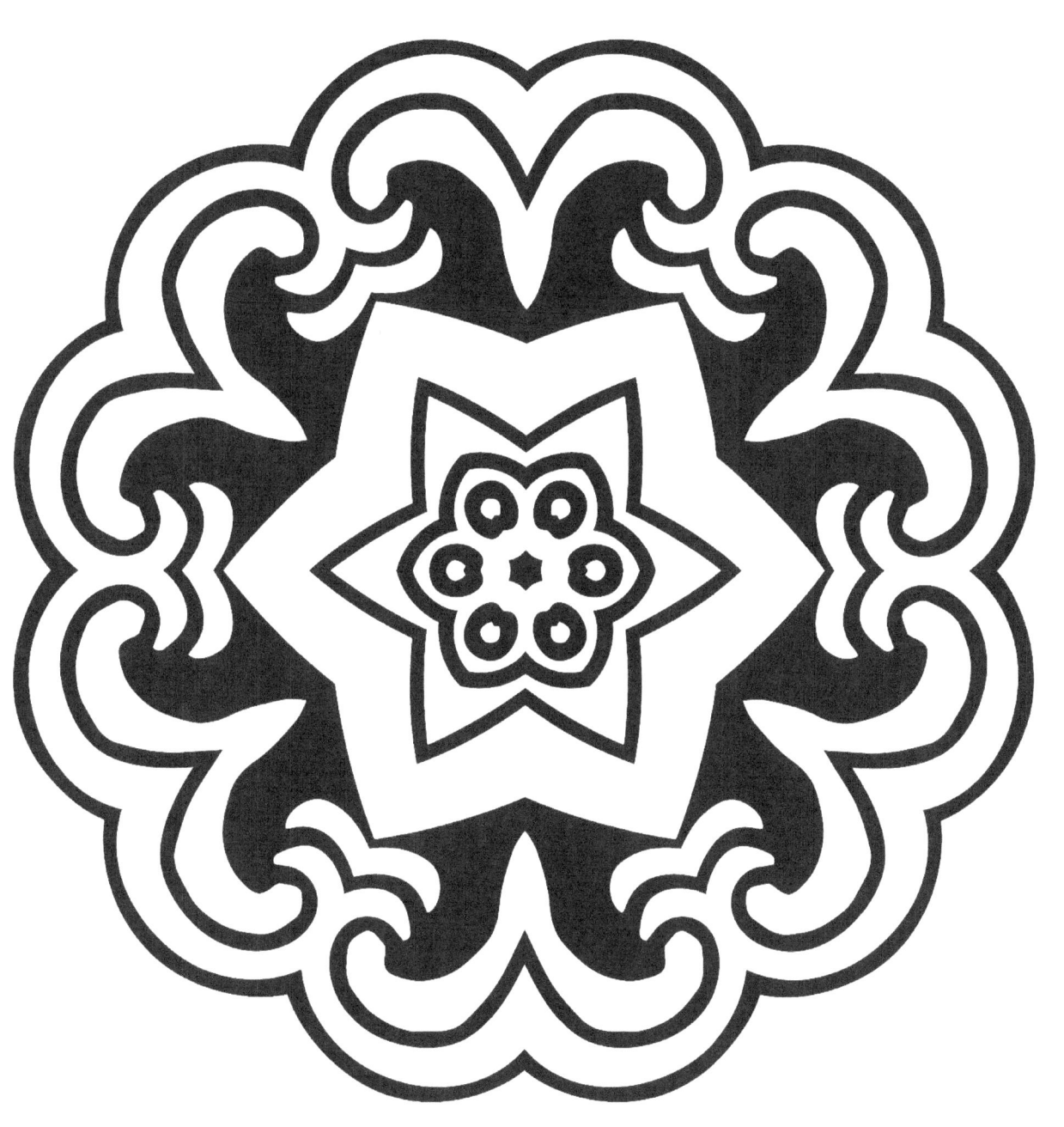

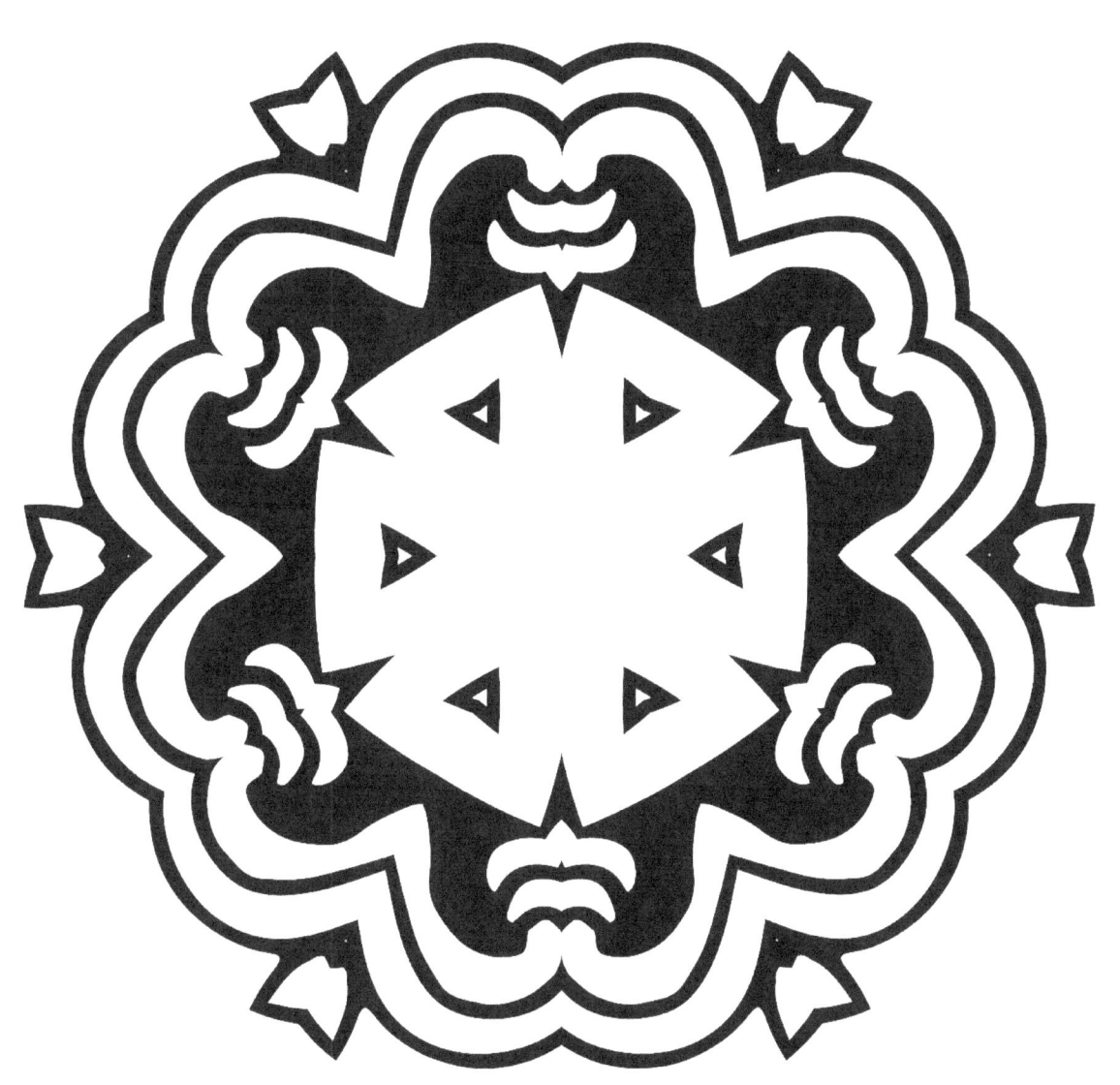

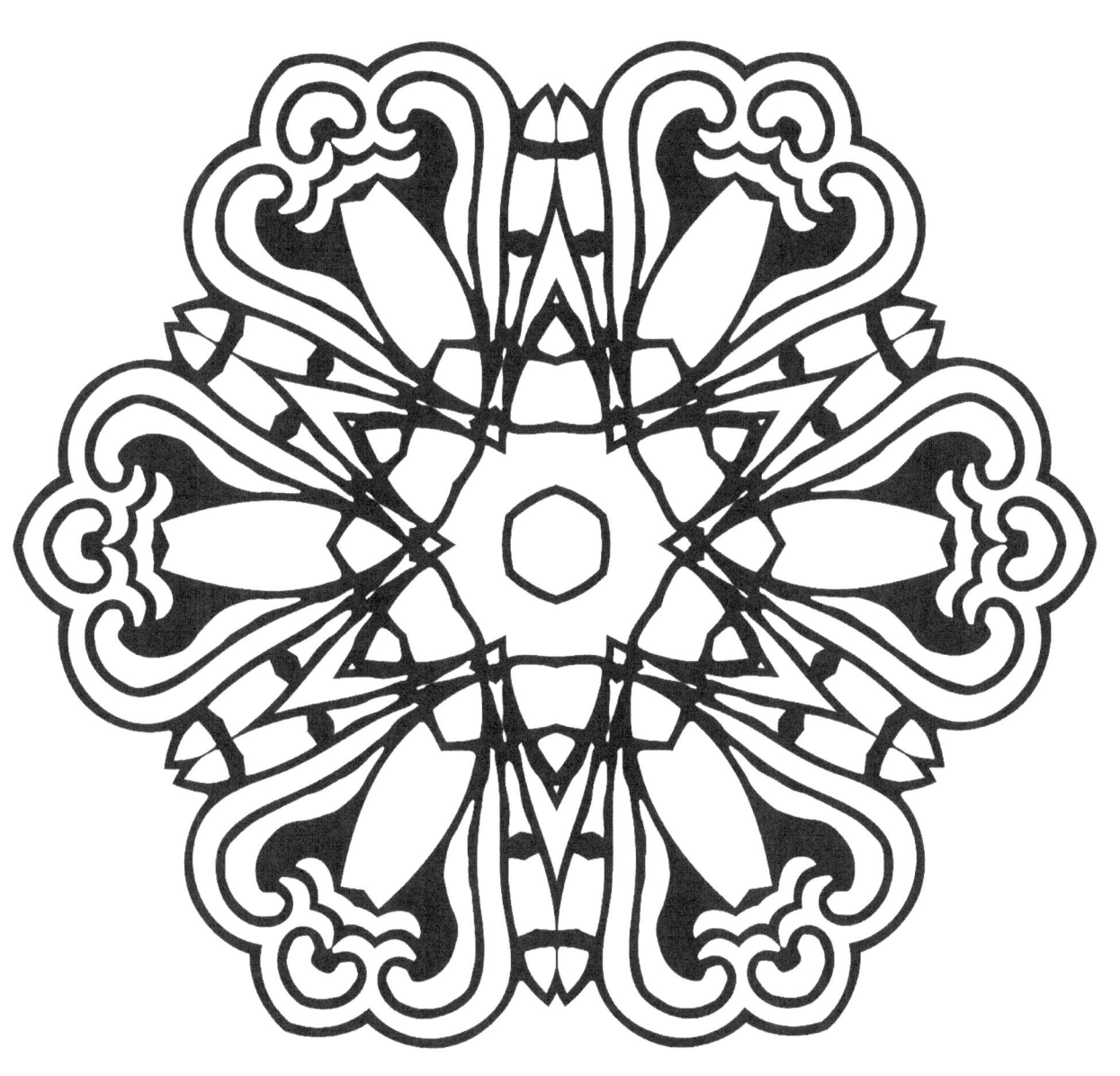

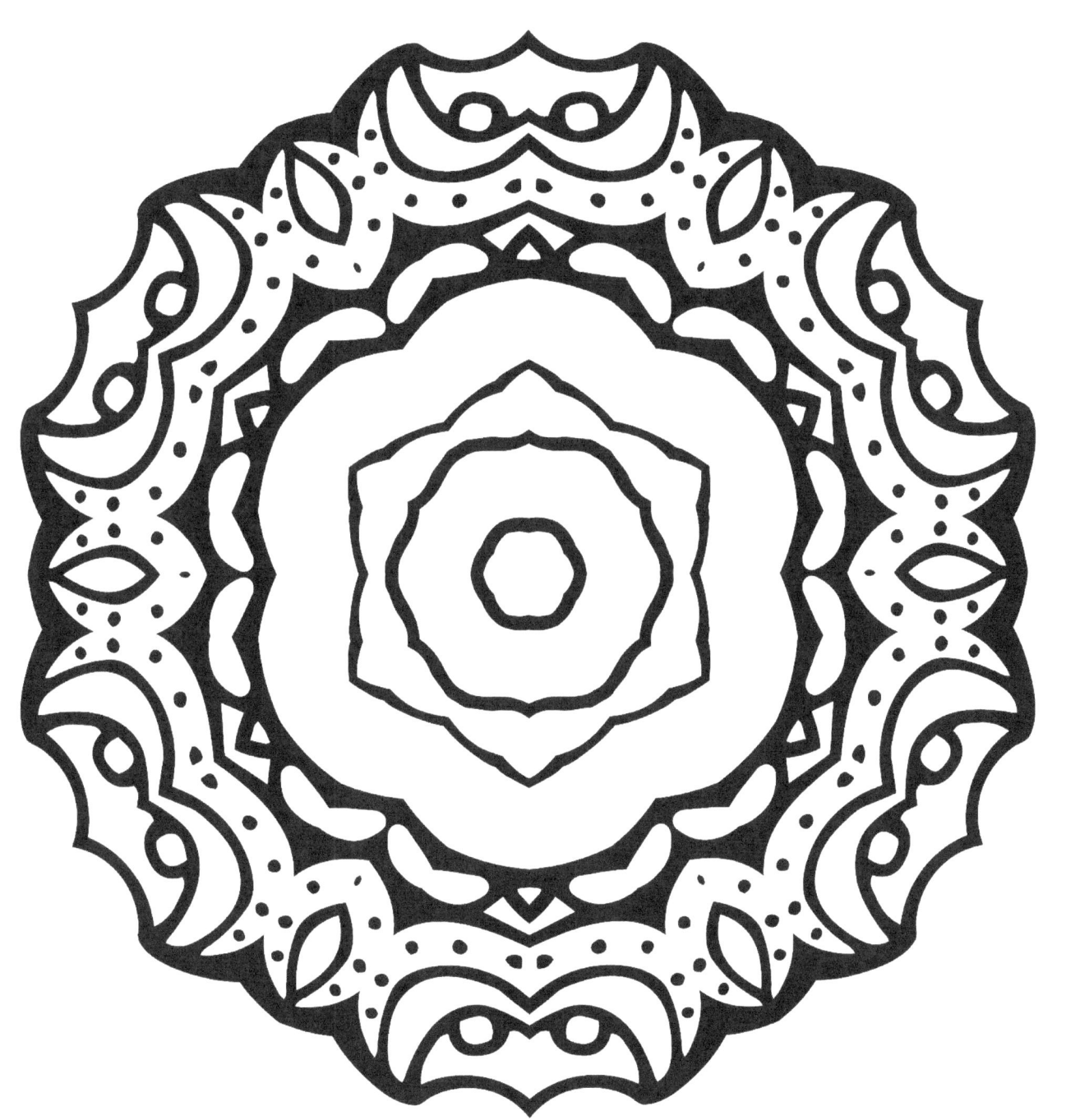

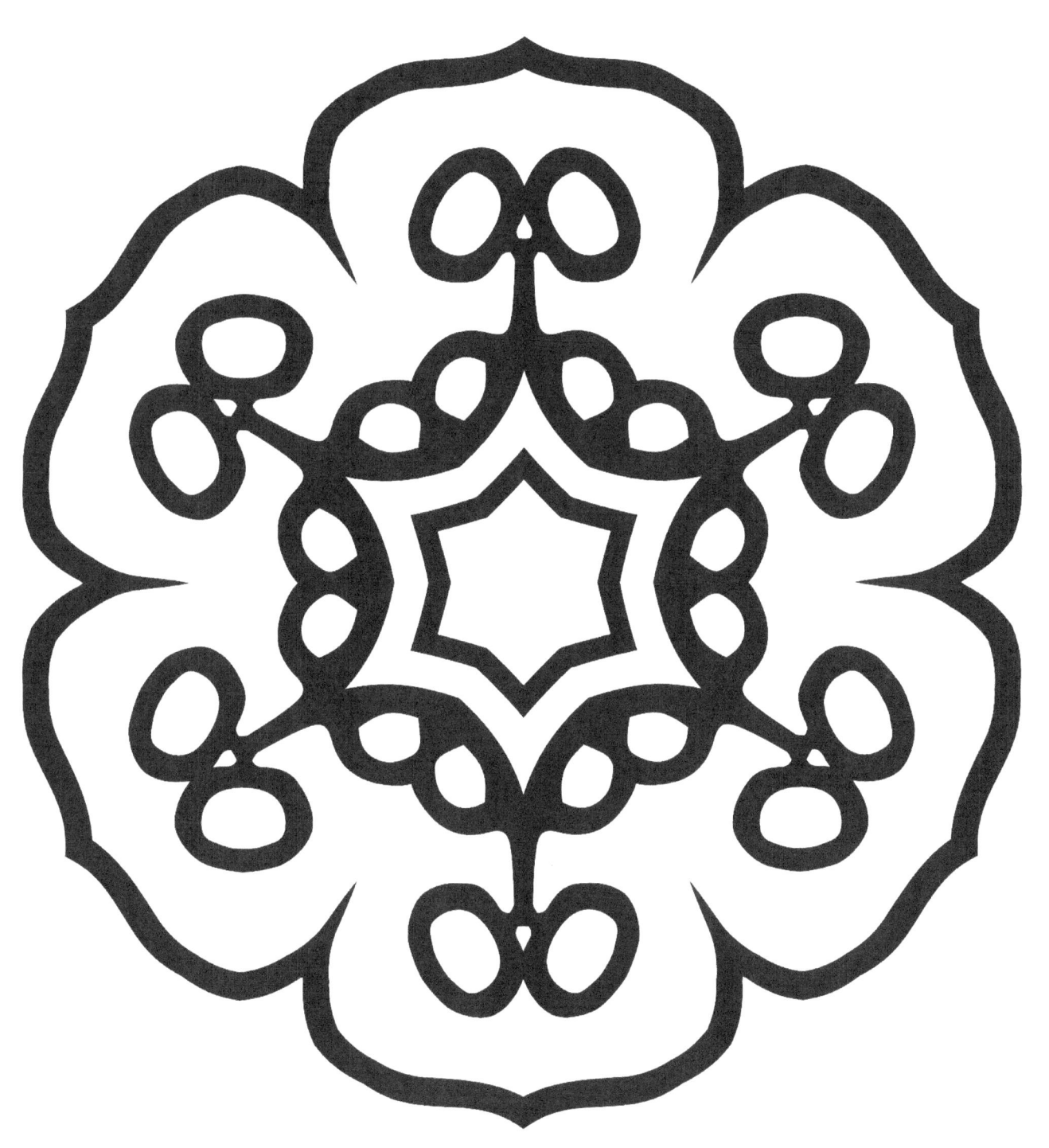

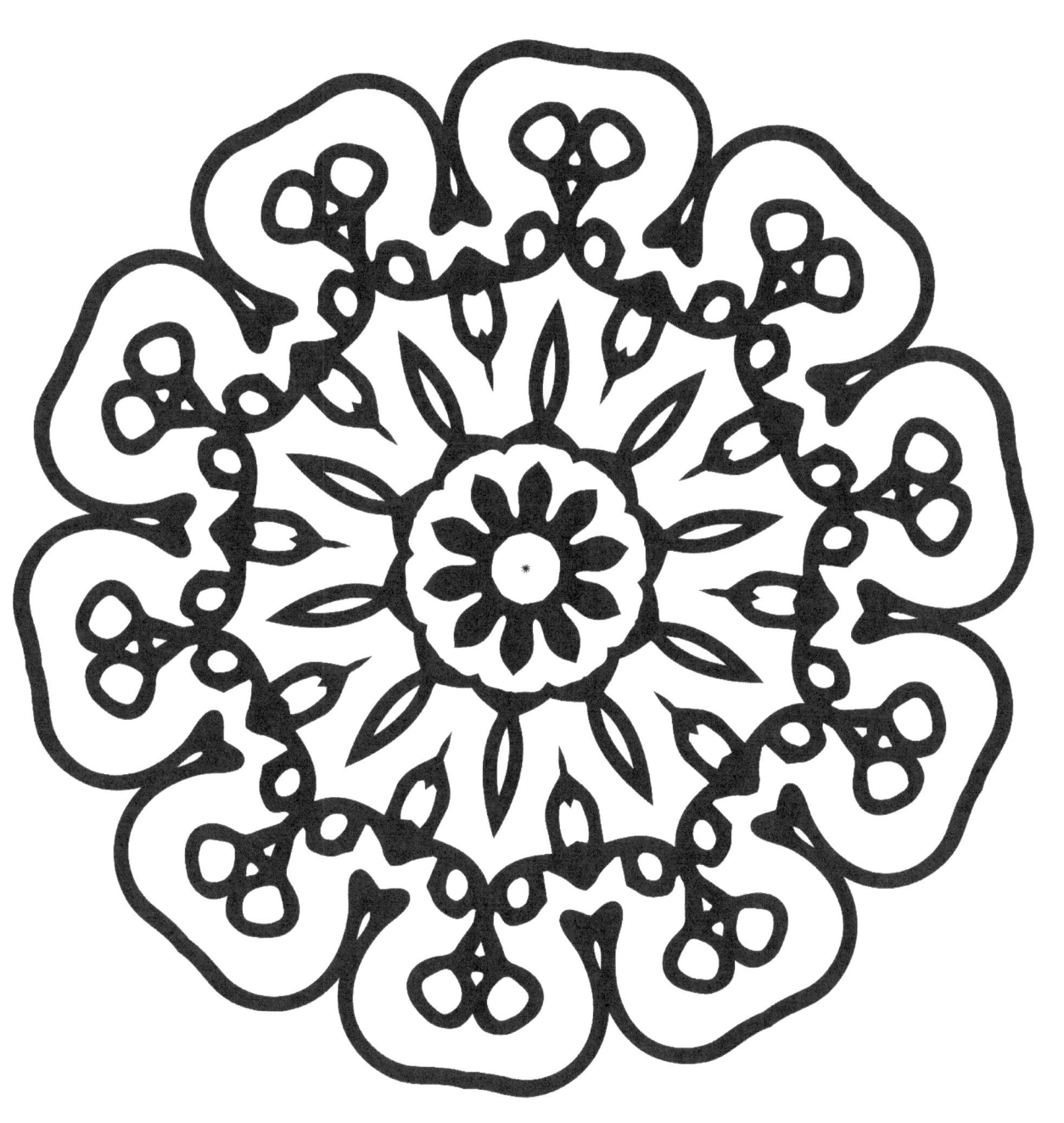

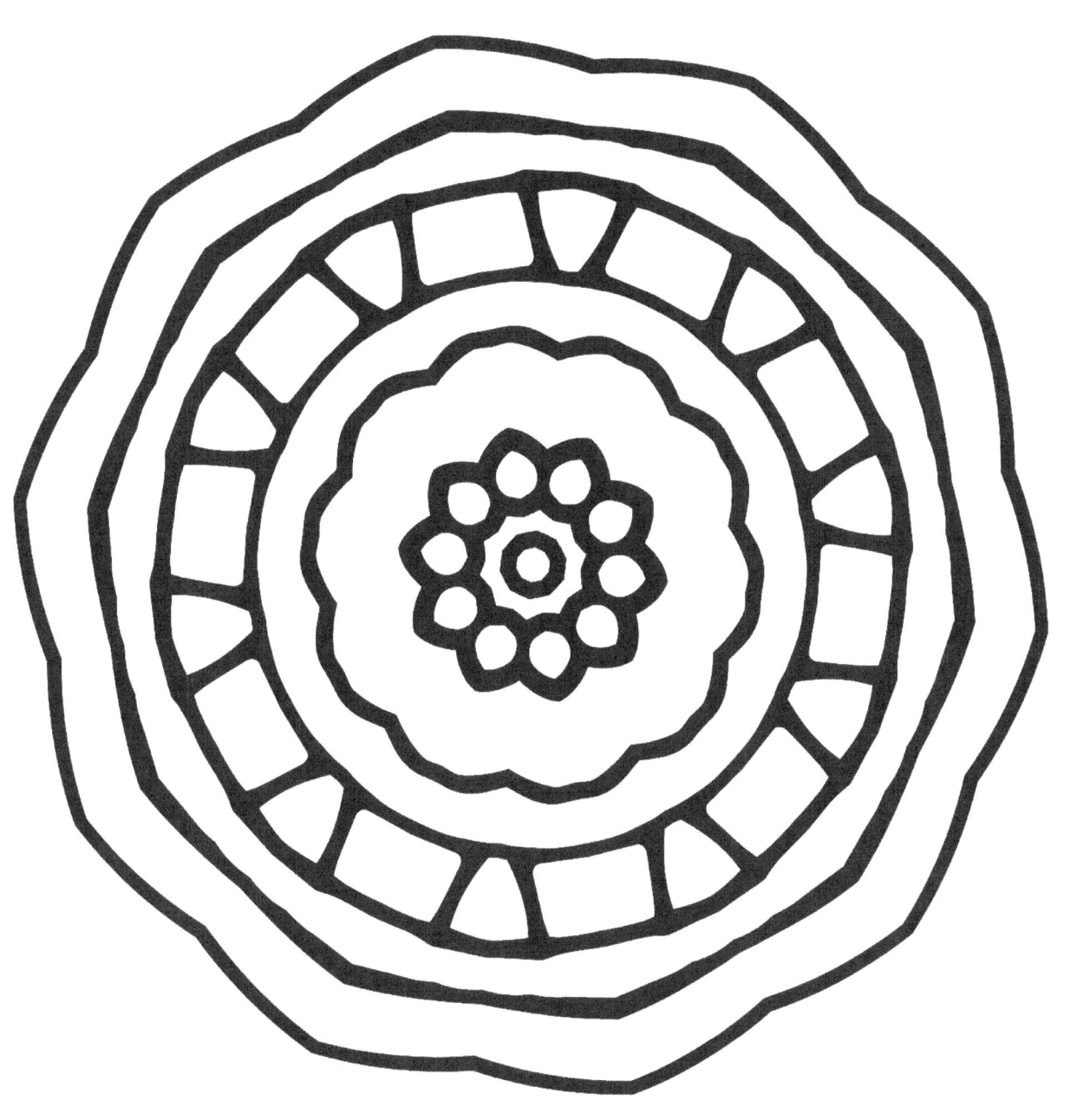

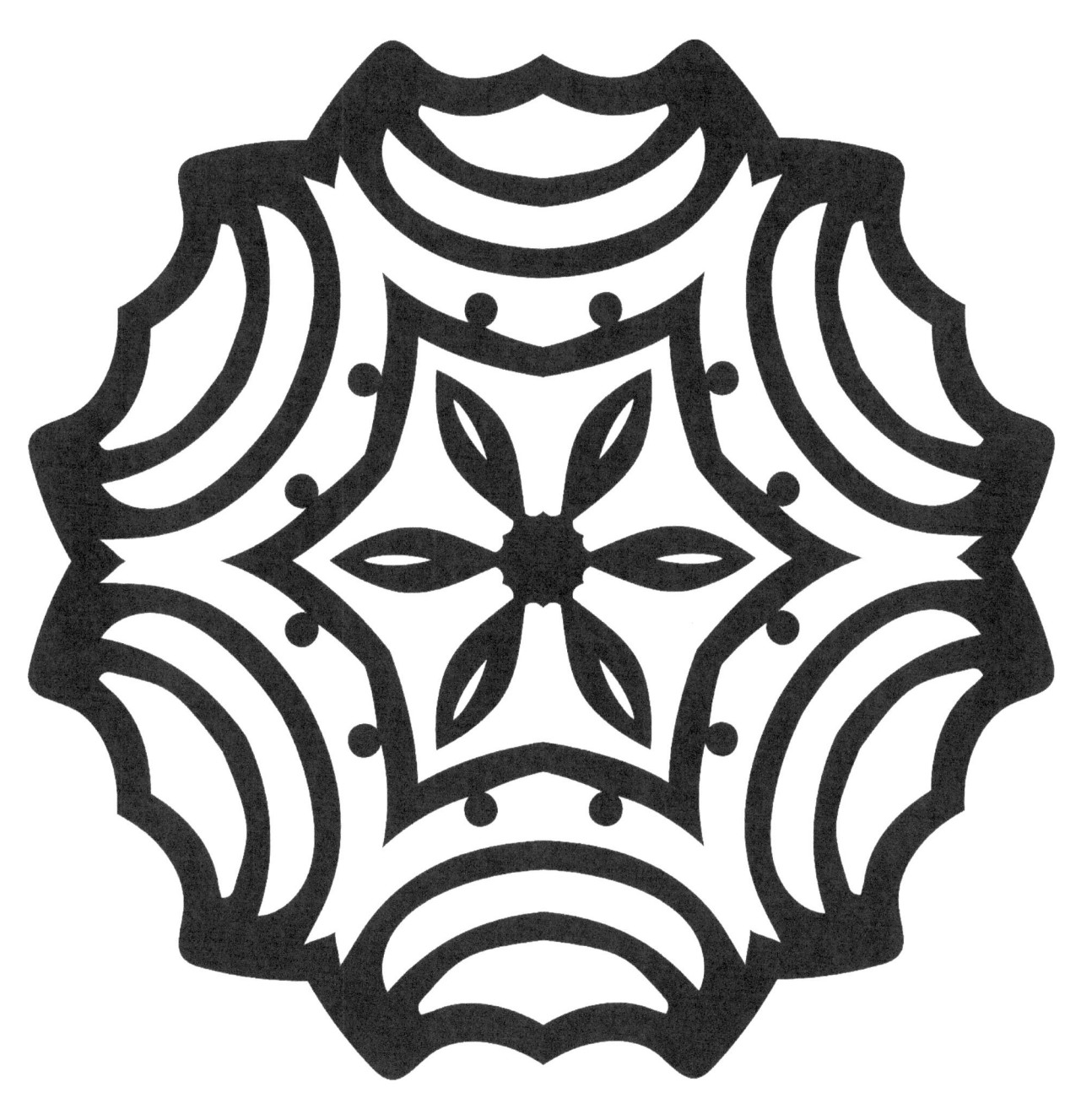

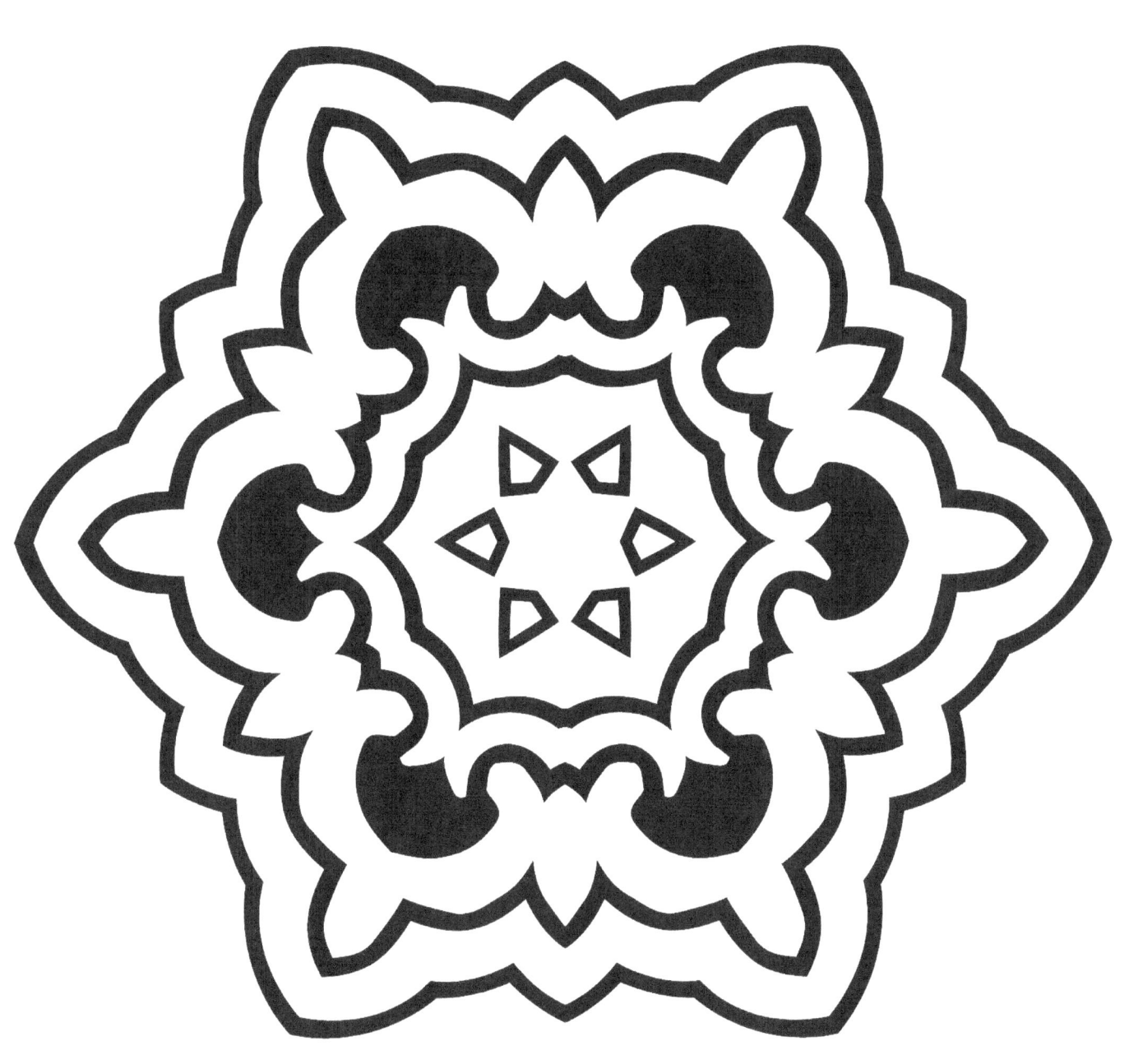

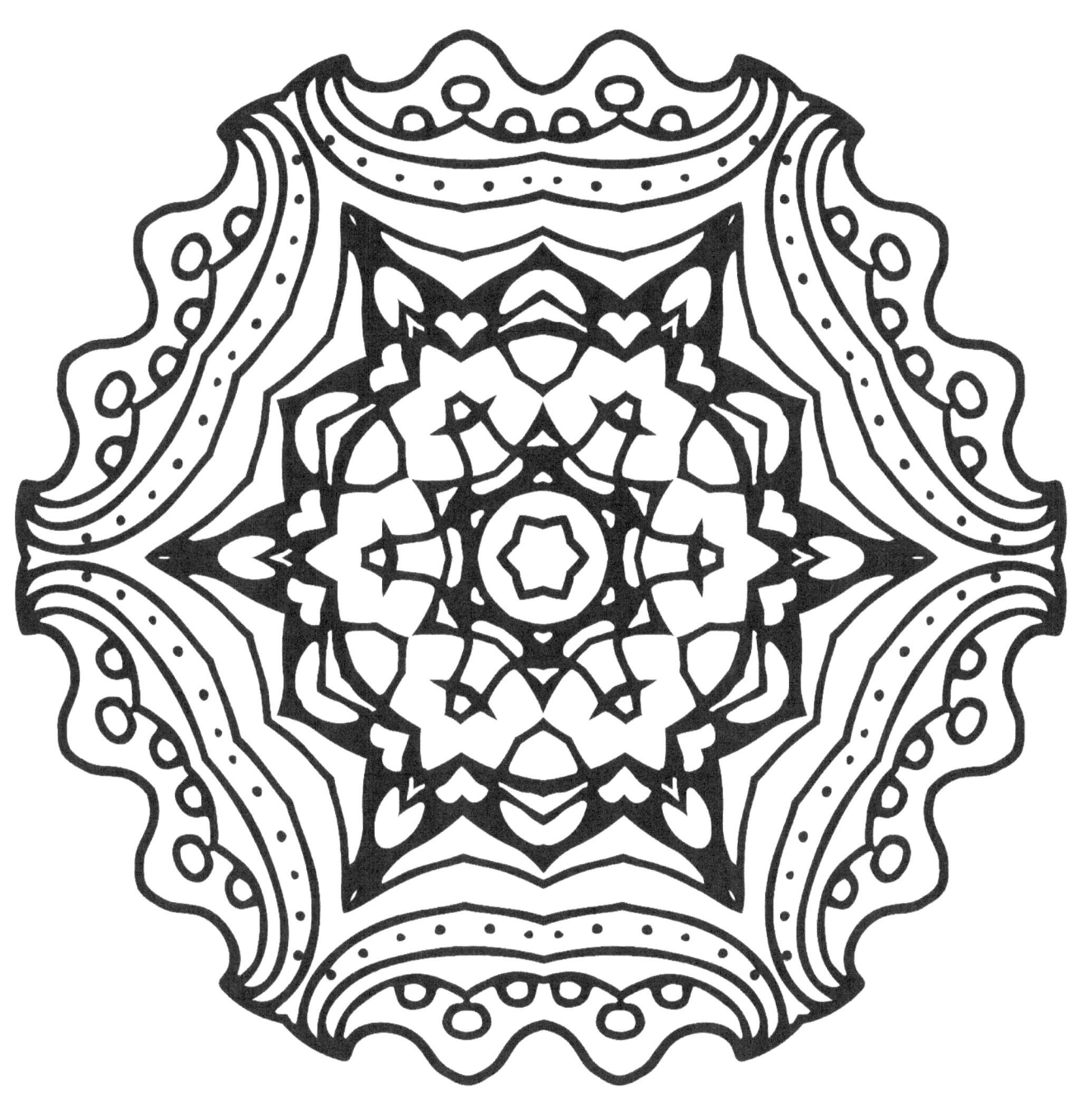

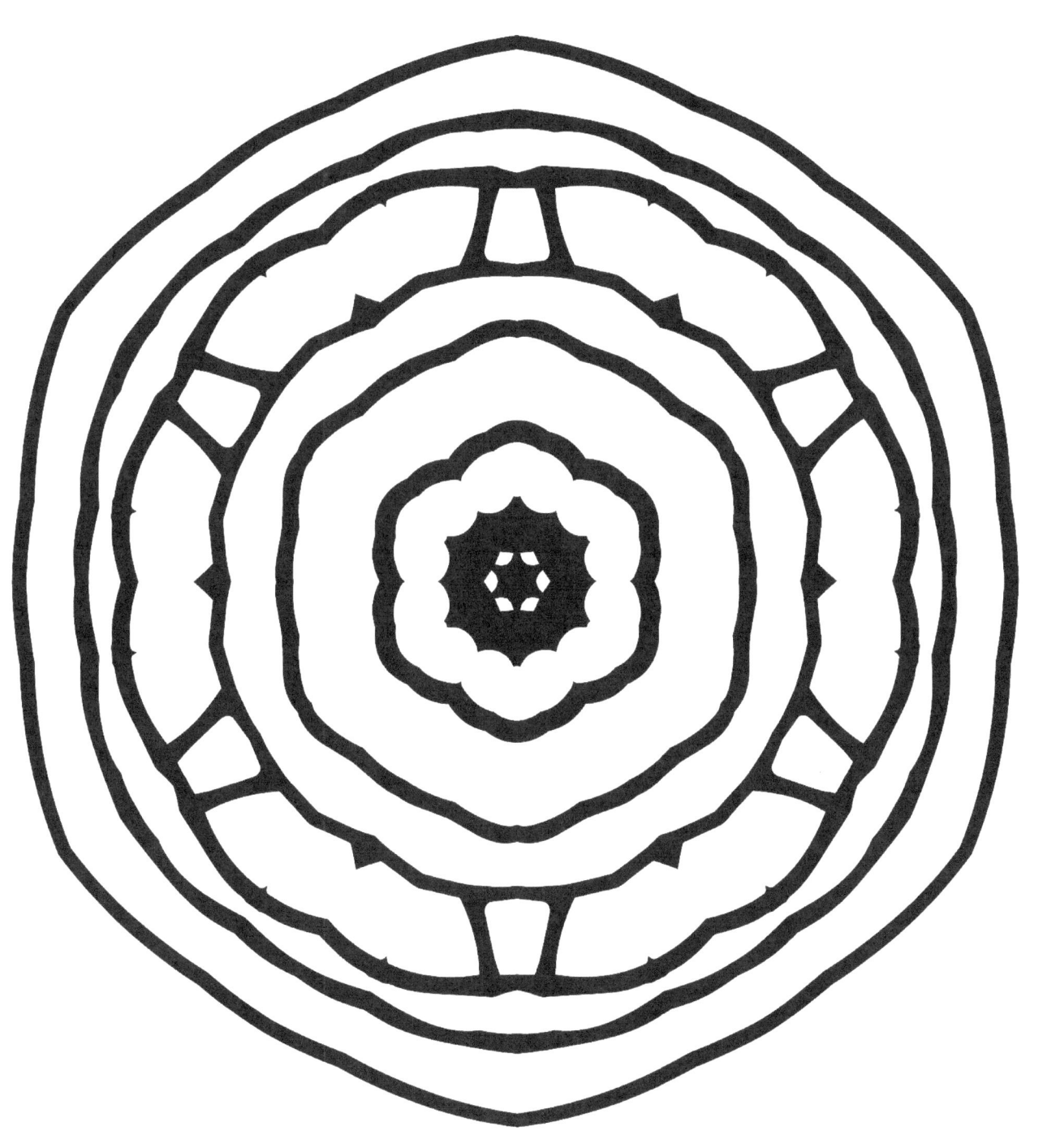

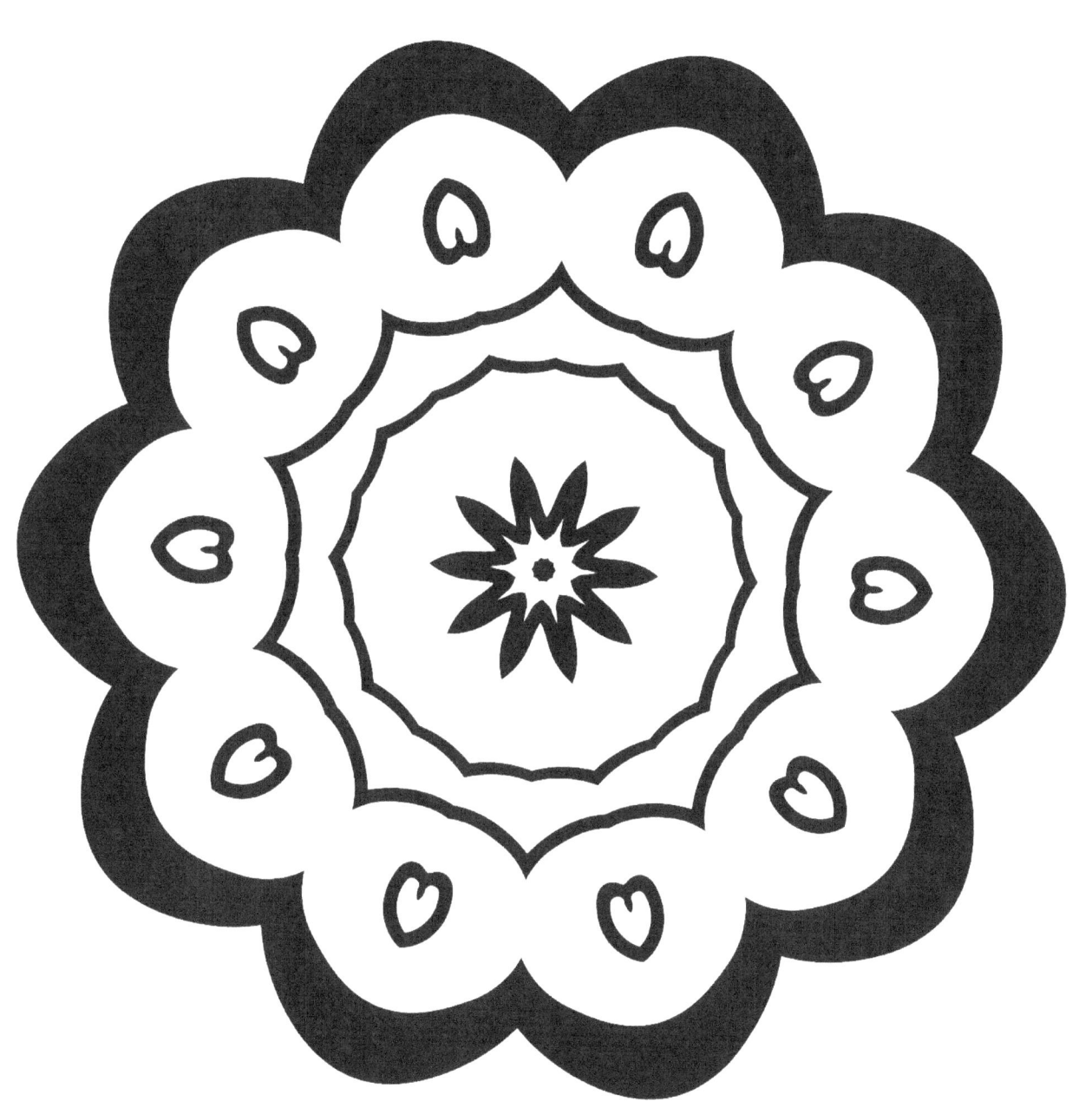

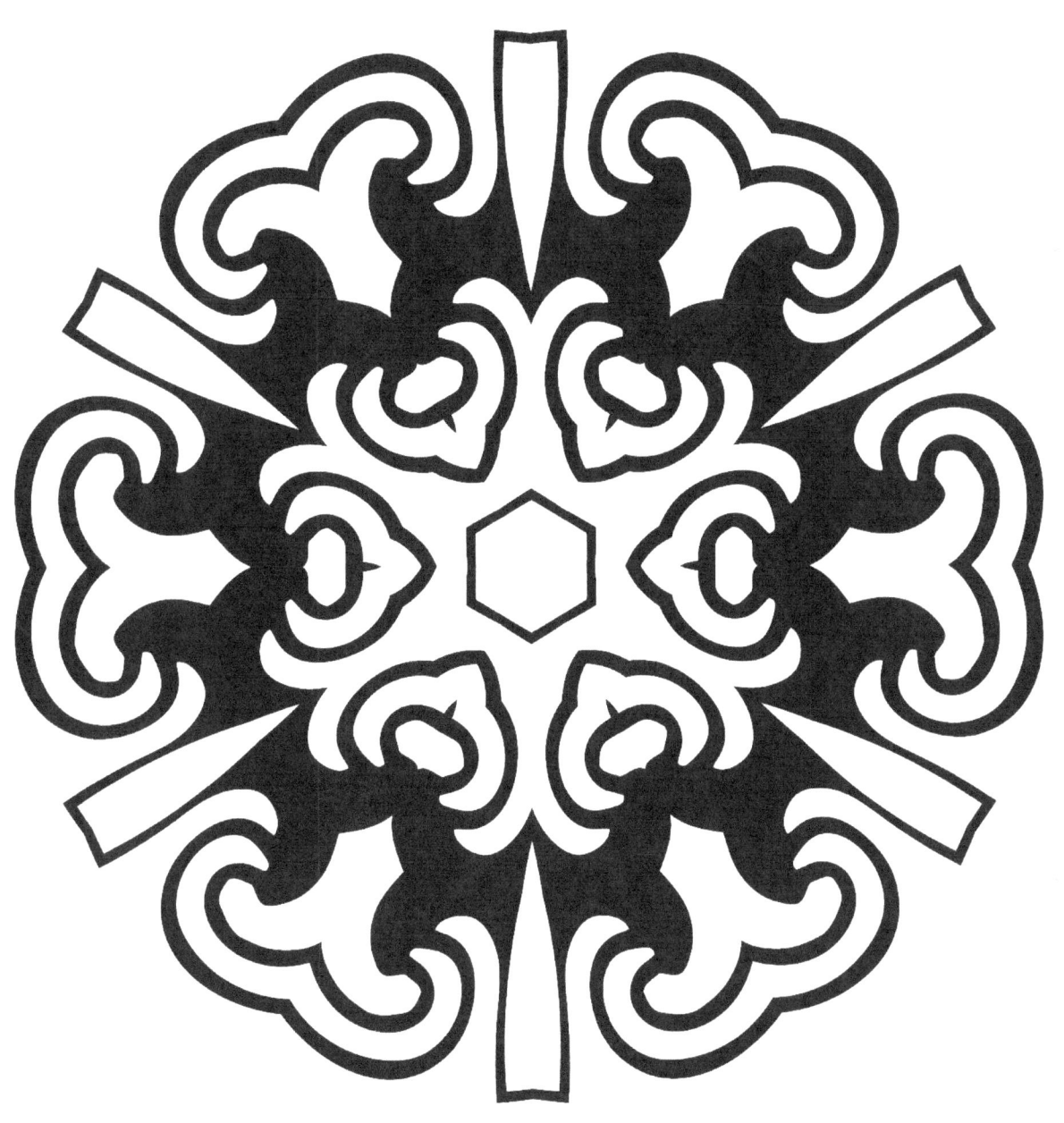

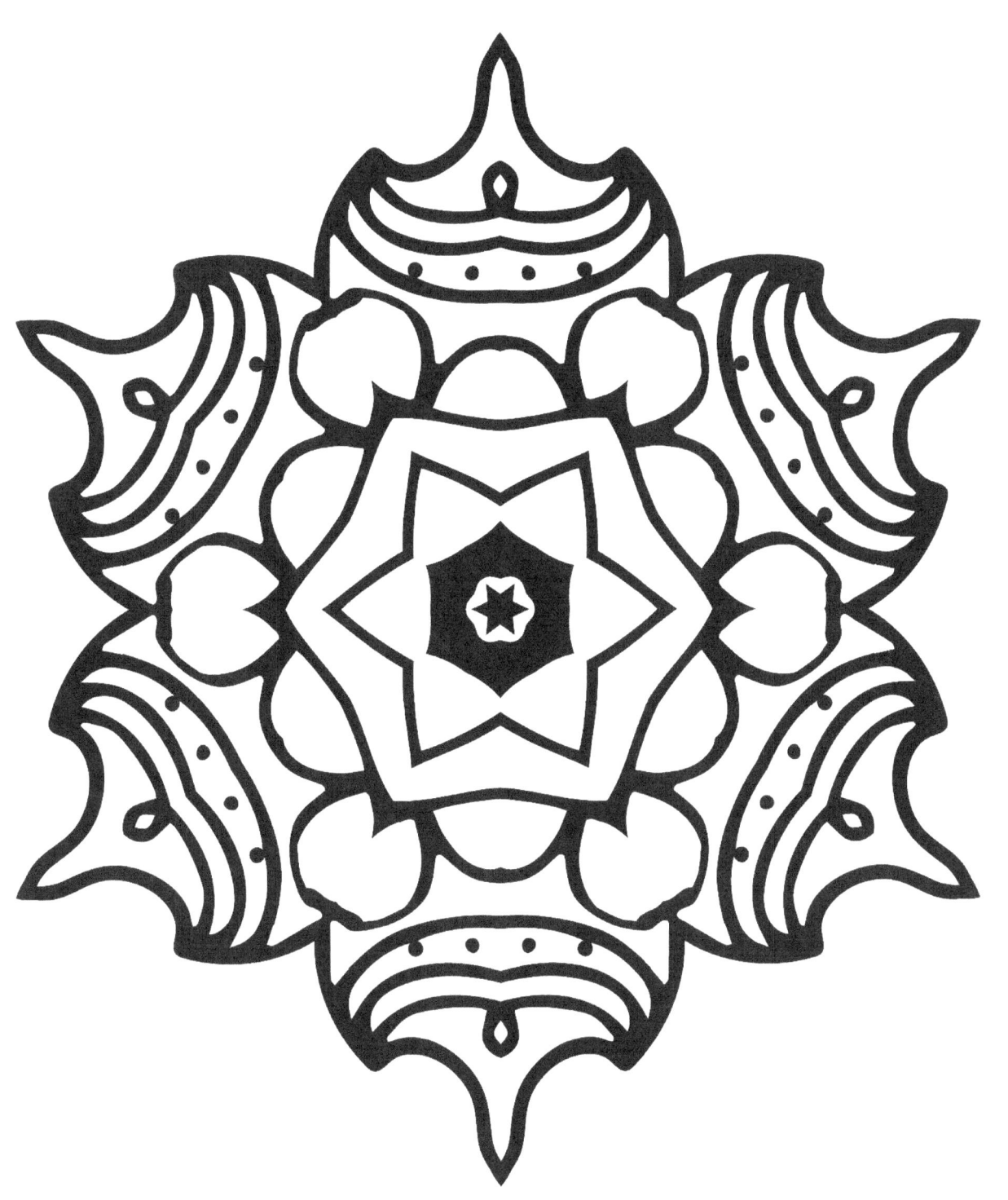

Color Test Page

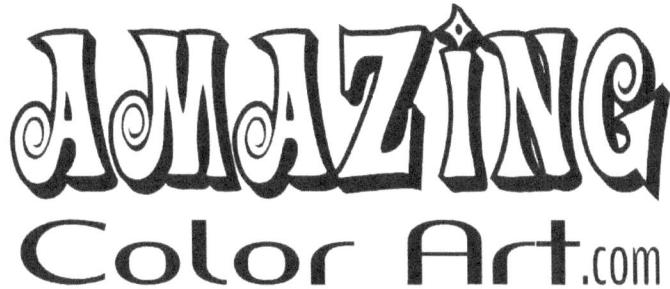

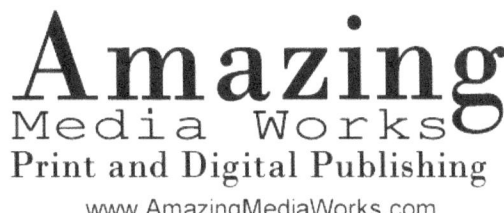

www.AmazingMediaWorks.com

All images licensed and/or used with permission

Enjoy these great titles and more by Amazing Color Art!

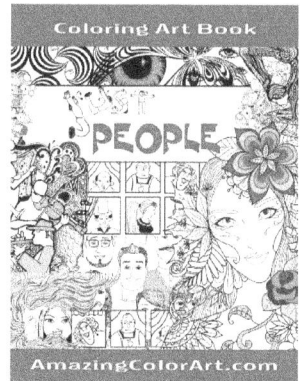

ISBN: 978-1533223913

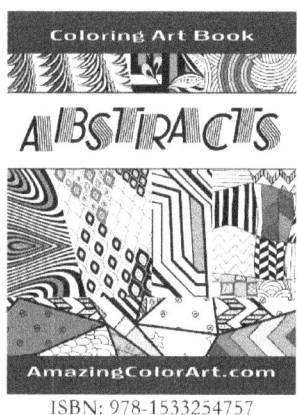

ISBN: 978-1533254757

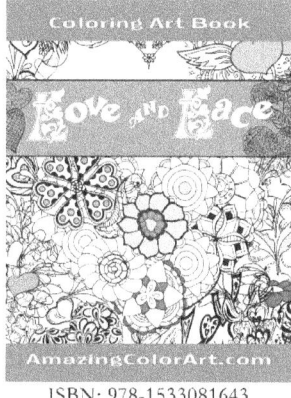

ISBN: 978-1533081643

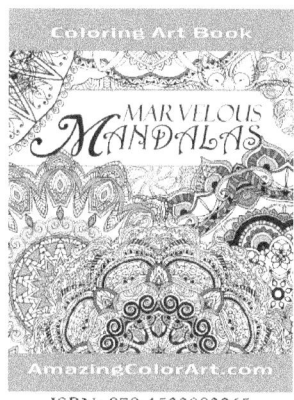

ISBN: 978-1533083265

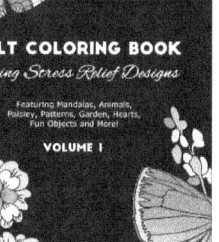
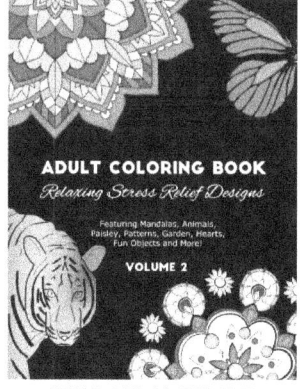

ISBN: 978-1947676053

ISBN: 978-1947676060

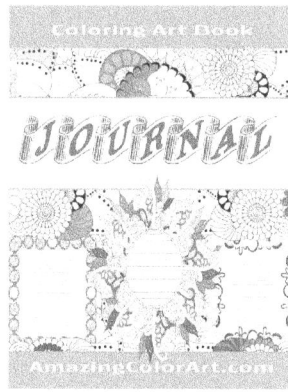

ISBN: 978-1533361608

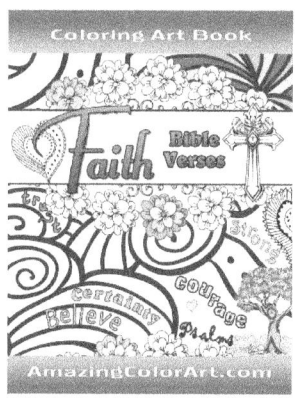

ISBN: 978-1983535413

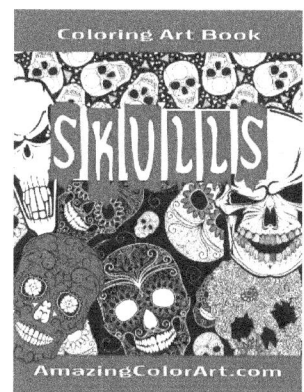

ISBN: 978-1533236340

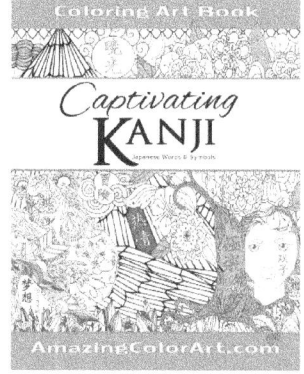

ISBN: 978-1542529143

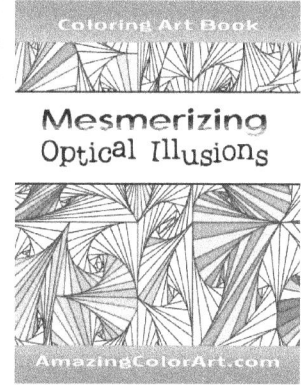

ISBN: 978-1542532648

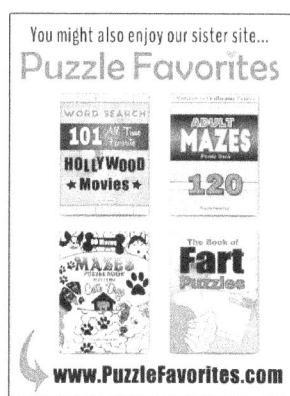

www.ingramcontent.com/pod-product-compliance
Lightning Source LLC
Chambersburg PA
CBHW082008230526
45468CB00023B/2830